장 폴 사르트르

시선과 타자

차례
Contents

너무 쉽게 잊혀진 사르트르의 타자론

이 책에서 우리가 중점적으로 다루게 될 문제는 타자(他者)의 문제이다. 보다 구체적으로 무신론적 실존주의 철학자, 자유의 철학자, 참여문학가 등의 이름으로 우리에게 널리 알려진 장 폴 사르트르(J.-P. Sartre, 1905~1980)의 전기 철학—후기 철학은 『변증법적 이성비판』(1960)으로 대표된다—을 대표하는 『존재와 무』(1943)에서 기술되고 있는 타자존재의 문제이다.

20세기 늦은 후반기부터 지금까지 우리에게 커다란 영향을 미치고 있는 들뢰즈(G. Deleuze)는 학창 시절 사르트르가 자신의 진정한 '스승'이었다고 술회하고 있다. 그러니까 들뢰즈 자신이 속한 세대의 입장에서 볼 때 사르트르는 무엇인가 새로운 것을 말해주었던 사람, 새로운 사고방식을 가르쳐주었던 사람, 바꿔 말해 학교라는 제도권 밖으로부터 유입되었던 신선한 공기였다는 것이다. 사르트르의 타자론 역시 들뢰즈가 지적하고 있는 그러한 신선한 공기의 일부였음에 틀림없어 보인다. 왜냐하면 『의미의 논리』에서 들뢰즈는 사르트르의 타자론을 서구의 철학사상 타자에 관한 최초의 위대한 이론이라고 높이 평가하고 있기 때문이다.

사르트르의 타자론은 그의 전체 철학 사유 가운데 가장 독창적인 것으로 여겨진다. 이 이론은 또한 해체주의, 후기 구조주의, 포스트모더니즘 등의 영향과 레비나스(E. Levinas), 라캉(J. Lacan), 들뢰즈 등의 사상을 통해 최근 국내에서 관심이 크게 고조되고 있는 타자 문제에 있어서 『존재와 무』 이후에 등장한 타자에 관한 여러 이론을 그 아류로 만들어버릴 정도로 '놀랄 만한 사유의 깊이'를 보여주고 있다고 지적되기도 한다.[1] 그럼에도 불구하고 사르트르의 타자론은 지금까지 제대로 평가되지 못한 채 너무 쉽게 잊혀진 것으로 보인다.

어쨌든 타자의 문제는 중요한 문제임에 틀림없다. 타자가 갖는 중요성은 사르트르를 위시한 다른 철학자들의 이름과 그들이 내세우는 이론을 굳이 들먹이지 않더라도 분명하게 드러난다고 하겠다. 경험적으로만 보더라도 우리의 일상생활 속에서 타자가 얼마나 중요한 역할을 담당하고 있는지를 목격하는 것은 그리 어려운 일이 아니다. 사회적 동물로서 우리의 일상적 삶이 다른 사람들과의 끊임없는 만남의 연속이라는 점을 부인할 수는 없을 것이다.

그러나 우리는 과연 이와 같은 중요성을 지니고 있는 타자에 대해 정색을 하고 타자는 도대체 누구인가, 나에게 있어서 타자는 도대체 어떤 존재인가, 또 나는 타자와 어떤 관계에 있는가 등의 질문을 던져본 적이 있는가. 아니 그에 앞서 나는 나 자신에 대해 내가 누구인가, 더 일반적으로 인간은 무엇인가 등의 질문을 던져본 적이 있는가. 이와 같은 질문들, 이것들이 바로 사르트르가 『존재와 무』에서 던지고 있는 질문들이다. 이 조그마한 책에서 이 질문들을 모두 검토하고 이해하여 소화한다는 것은 현실적으로 거의 불가능하다. 여기서는 사르트르가 『존재와 무』의 제3부에서 다루고 있는 타자론의 이해에 충실하고자 한다. 다만 이를 위해 우리는 기회가 닿는 대로 그의 문학작품에 가까이 다가가고자 할 것이다. 왜냐하면 『존재와 무』에서 다루어지고 있는 여러 철학적 사유뿐만 아니라 타자에 관한 철학적 사유 역시 그의 문학작품 속에서 좀더 이해하기 쉬운 형태로 나타나고 있기 때문이다.

타자에 관한 문제뿐만 아니라 나에 관한 문제, 인간에 관한 문제에 대한 답을 해나가는 과정에서 사르트르가 제시하고 있는 답들이 전부 옳은 것일 수는 없다. 그 답들 가운데는 우리들 각자의 생각과 상당한 편차가 있으며, 심지어는 정반대가 되는 답들이 포함되어 있을 가능성도 배제할 수 없다. 또 어떤 경우에는 물음만을 던져놓고 거기에 대해 사르트르가 답을 하지 않았거나 못한 경우도 없지 않다. 그러므로 중요한 것은 타자에 관한 그의 사유를 아무런 비판 없이 하나의 교조적인 진리로 받아들이는 것도, 또한 그것을 내 생각과 일치하지 않는다고 해서 일고의 가치도 없다는 식으로 일소에 부쳐버리는 것도 아닐 것이다. 그보다는 오히려 그의 사유가 갖는 장점과 더불어 단점에 대해 합당한 비판적 거리를 유지하는 것이 바람직한 태도라고 할 수 있을 것이다.

한편, 우리는 이 책에서 사르트르의 글을 직접 인용하는 것을 주저하지 않을 것이다. 왜냐하면 많은 경우 우리의 부족한 설명보다는 그의 생생한 육성을 듣는 것이 타자에 관한 그의 사유를 이해하는 데 보다 효과적일 수 있기 때문이다.

存在의 세 영역 : 나, 사물 그리고 타자

존재의 두 영역

모든 학문의 출발점은 인간의 호기심에 있다고 한다. 어쩌면 인간이 갖는 여러 호기심 가운데 가장 근본적인 것은 이 세계에는 "왜 아무것도 없지 않고 무엇인가가 존재하는가"라는 질문의 형태로 표현되는 호기심일 것이다. 이 호기심 어린 질문은 철학 그 자체의 출발점이자, 특히 철학의 한 분야를 구성하고 있는 존재론(ontologie)의 출발점이 된다. 20세기 프랑스를 대표했던 철학자이자 작가였으며 지식인이었던 사르트르 역시 이 질문으로부터 출발해서 『존재와 무』에서 그 나름대로의 존재론을 정립하고 있다.

물론 사르트르가 서구 철학사상 이 질문을 던진 최초의 인물은 아니다. 또한 그만이 유일하게 이 질문에 답을 하고 있는 것은 더더욱 아니다. 그에 앞서 수많은 철학자들이 같은 질문을 던졌으며 또 거기에 답하려고 노력했다. 사르트르 역시 그러한 전통 속에서 그만의 독특한 존재론을 정립하기에 이른다. 이를 위해 그는 주로 독일 철학자 후설(E. Husserl)에 의해 창안된 현상학과 하이데거(M. Heidegger)의 존재론을 받아들였다.

사르트르는 자신의 존재론을 세우기 위해 우선 이 세계에 존재하는 모든 것을 두 영역으로 구분하는 과감한 결단을 단행한다. 구분의 기준은 의식(conscience)의 유무이다. 이 기준에 따르면 이 세계에는 의식을 가진 존재와 그렇지 못한 존재의 두 영역만이 존재하는 셈이다. 의식을 가진 존재는 인간이며, 의식을 가지지 못한 존재는 사물이다. 사르트르는 이 두 존재를 각각 대자존재(l'être-pour-soi)와 즉자존재(l'être-en-soi)라고 명명한다. 사실 이 두 존재 사이의 존재론적 관계를 현상학적 방법을 통해 충실히 기술하는 것―『존재와 무』의 부제는 '현상학적 존재론에 관한 시론'이다―, 이것이 바로 그가 이 저서에서 내세우고 있는 목표이다.

이렇게 하여 우리는 '나타남'에서 출발하여 점차 즉자와 대자라고 하는 두 가지 전형적인 존재를 정립하기에 이르렀다. 이 즉자와 대자에 대해서 우리는 아직 피상적이고 불완

전한 지식밖에는 가지고 있지 못하다. 수많은 문제들이 아직 해답 없이 남겨져 있다. 이 두 가지 전형적인 존재가 가지고 있는 깊은 '의미'는 무엇인가? 무슨 이유로 그것들은 모두 '존재'에 속하는가? 존재가 자기 속에 근본적으로 단절된 이 두 영역을 품고 있는 한도에서 존재의 의미는 무엇인가? 만일 관념론과 실재론이 다 이론상으로는 교통이 불가능한 이 영역들을 사실상 결합해주는 여러 관계들을 설명할 수 없다면, 사람들은 이 문제에 다른 어떠한 해결책을 내놓을 수 있을 것인가? 그리고 어떻게 현상의 존재가 초현상적일 수 있는가? 바로 이러한 문제들에 대답하기 위해 이 책을 쓴 것이다.

의식의 지향성

그런데 사르트르는 이 두 존재 영역 사이에 맺어지는 관계는 필연적으로 인간의 주도하에 이루어진다고 보고 있다. 왜냐하면 이 세계에서 인간만이 자기와 자기 아닌 것에 대해 질문을 던질 수 있으며, 부정할 수 있는 능력을 가졌고, 또한 그 능력 덕택으로 이 세계에 존재하는 모든 것에 대해 의미를 부여할 수 있기 때문이다. 의식을 가지지 못한 존재인 사물, 곧 즉자존재는 자기 충족적이며, 자기 이외의 다른 존재와 어떤 관계도 맺을 수가 없다. 반대로 대자존재인 인간은 의식을 통해 다른 존재와 관계를 맺게 된다. 사르트르는 이와 같이 의식이 다른 존재와 맺는 관계를 의식의 '지향성'이라는 개념을 통해 이해하고 있다. 사르트르가 후설에게서 빌려온 이 개념은 간단히 말해 "모든 의식은 무엇인가에 관한 의식이다(toute conscience est de conscience de quelque chose)"라는 의미를 담고 있다.

사르트르의 존재론에서 대자존재인 인간이 지니고 있는 의식의 지향성의 한 항목인 '무엇인가'의 자리에 들어갈 수 있는 것은 즉자존재인 사물 아니면 대자존재인 인간 그 자신이다. 다시 말해 의식은 자기 아닌 사물을 의식하거나 자기 자신을 의식하거나 그 둘 중의 하나이다. 사르트르는 이 두 형태의 의식을 구분하기 위해 앞의 것은 '무엇인가에 관한 의식(conscience de quelque chose)'으로, 뒤의 것은 '자기에 (관한) 의식(conscience (de) soi)'으로 다르게 규정하고 있다.

사르트르는 또한 인간이 의식을 통해 다른 존재와 맺는 관계는 인식관계가 아니라 존재관계로 보고 있다. 여기에 한 개의 사과가 있다고 가정하자. 내가 이 사과를 의식의 지향성의 구조를 충족시켜주는 무엇인가로 여길 경우 내가 이 사과와 맺는 관계는 존재관계이다. 그러니까 여기서 나는 이 사과가 무엇인지를 묻는 인식 차원에 있지 않다. 이처럼 사르트르의 존재론은 인식 이전의 단계를 문제 삼고 있다.

사르트르는 또한 그 자체로 '결여(manque)'로 여겨지는 의식은 언제 어떤 상황에서도 결여의 상태로 있어서는 안 된다고 보고 있다. 바꿔 말해 의식은 항상 무엇인가를 가지고 자신의 지향성의 구조를 채워야만 한다. 여기에 의식의 주체인 인간의 두드러진 특징이 드러난다. 인간은 항상 자유롭다는 점이 그것이다. 사르트르는 심지어 인간은 자유롭지 않을 자유가 없다, 인간은 영원히 자유롭도록 '선고를 받았다'라고 주장하기도 한다. 인간이 자유롭다고 하는 것은 의식의 지향성의 구조로 인해 발생하는 당연한 결과이다. 왜냐하면 인간은 의식의 지향성의 구조를 채우기 위해 언제 어떤 상황에서도—심지어는 혹독한 고문을 당하는 극한적인 상황에서조차도—자기에게 필요한 무엇인가를 확보할 수 있기 때문이다. 사르트르는 이처럼 의식이 자신의 지향성의 구조를 무엇인가로 채우기 위해 이 세계에서 무엇인가를 겨냥하고 잘라내는 작용을 '무화작용(néantisation)'으로 규정한다.

사르트르는 이 무화작용을 설명하기 위해 내가 가령 피에르(Pierre)라는 사람을 만나기 위해 그와 약속한 카페에 들어서는 장면을 예로 들고 있다. 약속 시간보다 조금 늦게 도착하여 카페에 들어서면서 나는 피에르를 찾기 위해 사방을 둘러본다. 그러면서 나는 그곳에 있는 모든 존재들, 예컨대 탁자, 의자, 다른 사람들 하나하나 등을 겨냥하고 잘라낸다. 이런 식으로 나는 그 존재 또는 특히 그 사람이 피에르인가 아닌가를 확인하는 작업을 계속해나가게 된다. 다시 말해 이들 존재 하나하나를 나의 의식의 지향성을 구성하는 한 항목으로 출두시켰다가 이내 그것이 피에르가 아닐 경우 다른 존재로 옮겨가게 된다. 이 과정에서 나는 무화작용을 행하게 되는 것이다.

그리고 마침내 피에르의 모습을 확인하고서, 즉 그를 나의 의식의 지향성의 구조를 채우는 무엇인가로 사로잡고서야 비로소 나는 무화작용을 일시적으로나마 멈추게 된다. 사르트르는 이러한 무화작용을 하나의 목표물─가령, 참새─을 향해 총을 겨누고 있는 포수의 예를 통해서도 설명하고 있다. 실제로 이 포수는 총구에 붙어 있는 가늠쇠 구멍을 통해 목표물을 겨냥하기 위해 그 목표물 주위의 다른 존재들을 하나하나씩 겨냥하여 잘라내고 무화시키고 있는 것이다.

이처럼 인간은 무화작용을 통해서 자신의 의식의 지향성을 채우는 한 항목인 무엇인가에 대해 의미를 부여하게 된다는 것이 사르트르의 생각이다. 즉, 대자존재인 인간은 무화작용을 통해 이 세계와의 관계에서 하나의 중심을 형성하게 된다는 것이다. 이렇게 함으로써 그는 세계─내─존재로서 이 세계의 주인으로 우뚝 서게 된다.

실존의 어려움

그러나 바로 그와 같은 이유로 인해 대자존재인 인간은 죽는 순간까지 실존의 어려움을 껴안고 살아가야 하는 존재로 여겨진다. 인간은 한순간이라도 자신의 의식을 비어 있는 상태로 둘 수가 없다. 그렇기 때문에 그는 이 세계에서 무엇인가를 계속해서 겨냥하고 잘라내어 그것에 의미를 부여함과 동시에 그것을 가지고 자신의 의식의 지향성의 구조를 채워야만 하는 것이다. 이것은 인간이 즉자존재인 사물에 비해 우월하며, 따라서 그는 만물의 영장이라는 것을 단적으로 보여준다. 하지만 만약 그가 진정한(authentique) 태도로 자신의 삶을 영위한다면, 그는 죽을 때까지 결여로 있는 자신의 의식을 무엇인가로 계속해서 채워야 하는 실존적 조건으로부터 벗어날 수 없다.

우리는 흔히 골치 아픈 일이나 괴로운 일이 있어 그로부터 벗어나고 싶을 때, '차라리 내가 나무였으면……' '차라리 내가 바보였으면……' 등과 같은 말을 하기도 한다. 여기서 문제가 되는 것은 결국 내가 골치 아픈 일이나 괴로운 일을 의식하지 않았으면 하는 것이다. 곧 즉자존재가 되었으면 하는 것이다. 사르트르는 이것을 '즉자존재의 대자존재에 대한 존재론적 우위'라고 규정하고 있다. 그러니까 사물, 곧 즉자존재는 의식의 주체인 대자존재로서의 인간이 겪는 실존적 어려움을 겪지 않는다는 면에서 인간보다 훨씬 더 편안한 입장에 있는 것이다. 이러한 시각에서 사르트르는 대자존재로서의 자신들의 존재론적 지위를 망각하고 자신들의 행동에 따르는 책임을 회피하는 사람들, 스스로를 즉자존재로 여기는 사람들을 모두 '비열한 자들(salauds)'로 규정한다. 물론 사르트르는 이들에 대해 통렬한 비판—이들에 대한 비판이 『구토』에서 다루어지고 있는 중요한 주제 중의 하나이다—을 가하고 있다. 하지만 이처럼 대자존재에 비해 존재론적 우위를 누리고 있는 즉자존재도 대자존재인 인간이 자신의 의식의 빛으로 그것을 비춰주지 않는 한, 다시 말해 의식이 그것을 자신의 지향성을 채우는 무엇인가로 여기지 않는 한 아무런 의미도 가지지 못한다.

존재의 우연성

사르트르의 존재론에서 즉자존재와 대자존재는 이와 같이 서로 다른 입장에 놓여 있다. 하지만 이것들 사이에는 한 가지 공통점이 있다. 이것들의 나타남이 순전히 우연성(contingence)의 질서에 속한다는 점이 그것이다. 이것은 사르트르가 자신의 존재론을 정립하는 과정에서 출발점으로 삼은 '신(神)의 부재'라는 학문적 가정에서 기인하는 당연한 결과이다. 사르트르는 도스토옙스키의 『카라마조프가의 형제들』에서 "만약 신이 존재하지 않는다면 모든 것이 허용될 것이다"라는 문장을 인용하면서 신의 부재를 자신의 존재론 전체를 지탱하는 가정으로 삼고 있다. 즉, 신에 의한 창조설을 부인하고 있는 것이다.

그로부터 사르트르의 존재론 전체를 관통하는 두 가지 명제가 도출된다. 첫 번째 명제는 이 세계의 모든 존재는 '잉여존재(l'être de trop)'라는 것이다. 이 세계에 존재하는 모든 것은 아무런 이유도 없이 그냥 거기에 있으며, 그것이 반드시 거기에 있어야 할 필연적인 이유를 가지고 있지 않다는 것이 사르트르의 생각이다. 이것은 이 세계의 모든 존재가 갖는 무상성 또는 우연성이라는 개념으로 표현된다. 우리는 『구토』에서 로캉탱(Roquentin)이 마로니에 뿌리를 보고 난 뒤 존재의 우연성을 깨닫는 다음 장면에서 이러한 사실을 확인할 수 있다.

> 본질적인 것, 그것은 우연성이다. 원래 존재는 필연이 아니라는 말이다. 존재란 단순히 '거기에 있다'는 것뿐이다. 존재하는 것이 나타나서 '만나도록' 자신을 내맡긴다. 그러나 그것을 결코 '연역할 수 없다. 내가 보기에 그것을 이해한 사람들이 있다. 다만 그들은 필연적이며 자기원인이 됨직한 것을 고안해냄으로써 이 우연성을 극복하려고 해보았던 것이다. 그런데 그 어떤 필연적 존재도 존재를 설명할 수 없다. 우연성은 가장(假裝)이나 지워버릴 수 있는 외관이 아니라 절대이다. 그러므로 완전한 무상성인 것이다. 모든 것이 무상성이다. 이 공원, 이 도시, 그리고 나 자신도 무상성이다.

두 번째 명제는 인간에게 있어서 "실존은 본질에 선행한다"는 것이다. 인간은 신으로부터 선험적으로 부여받은 본질이 없기 때문에, 다시 말해 인간은 신의 '지적 디자인(intellectual design)'을 부정하기 때문에, 자기 스스로를 미래로 투기(投企)하면서 스스로를 창조해나가는 존재라는 것이다.

여기에서 실존이 본질보다 선행한다는 것은 무엇을 의미

하는 것일까? 그것은 다름 아닌 인간은 우선 먼저 있어 세상에 존재하고 세상에 나타난다는 것을 의미하며, 그는 그다음에 정의된다는 것을 의미한다. 실존주의가 생각하는 인간, 만약 그 인간이 정의될 수 없다면, 그것은 그 인간이 처음에는 아무것도 아니기 때문이다. 그는 나중에서야 비로소무엇이 되며, 그래서 그는 스스로 창조해나가는 것이 될 것이다. 이처럼 인간성이란 처음부터 주어져 있는 것이 아니다. 그것을 상상하는 신이 존재하지 않기 때문이다. 인간은다만 그가 스스로를 생각하는 그대로일 뿐만 아니라, 그가원하는 그대로이다. 그리고 인간은 존재한 후에 스스로를원하는 것이기 때문에 인간은 스스로를 만들어가는 것 이외엔 아무것도 아니다. 이것이 실존주의 제1원리이다. 사람들은 또한 이것을 주체성이라고 부른다.

무용한 정열

사르트르의 존재론은 이처럼 신의 부재를 가정하고 있기때문에 인간을 비롯한 이 세계의 모든 존재는 그냥 거기에'던져져 있는(délaissé)' 존재로 여겨진다. 그중에서도 특히 대자존재인 인간은 평생 실존적 불안에 노출되어 있다. 즉자존재인 사물은 자기 안에 자신의 존재 근거를 담고 있다. 그러나대자존재는 그 근거를 대면하고 있을 뿐,[2] 그 근거를 자기 것으로 삼을 수가 없다. 그 근거를 자기 것으로 삼기 위해서 대자존재는 즉자의 방식으로 존재해야 한다. 그런데 즉자의 방식으로 존재하는 순간 대자존재는 더 이상 대자존재이기를 그친다. 인간은 죽는 순간에만 대자의 방식으로 존재하기를 그치고 즉자의 방식으로 — 곧, 시체이자 사물로 — 존재할 수 있을 뿐이다. 그러니까 인간은 대자의 방식으로 존재하면서 동시에 즉자의 방식으로 존재할 수 없다.

이것은 다음과 같은 두 가지 사실을 의미한다. 첫째, 인간은 죽는 순간까지 자신의 존재 근거를 추구함으로써 이유를 알 수 없는 자신의 존재를 정당화시켜야만 한다는 것이다. 둘째, 대자와 즉자의 결합(fusion) 상태는, 비록 이 상태가 논리적으로 모순되기는 하지만, 인간이 끝까지 추구해야 하는 이상적 상태라는 것이다. 사르트르는 이와 같은 대자와 즉자의 결합 상태, 즉 대자—즉자(le pour-soi-en-soi)의 상태를 신의 존재방식으로 규정하고 있다. 그러니까 인간은 근본적으로 '신이고자 하는 욕구(désir d'être Dieu)'를 품고 있는 것이다. 하지만 사르트르의 존재론에서 이 욕구는, 인간이 살아 있는 한, 즉 그가 대자의 방식으로 존재하는 한, 절대로 충족될 수 없다. 이러한 의미에서 사르트르는 인간을 '무용한 정열(passion inutile)'로 규정하고 있다. 또한 이러한 의미에서 사르트르는 한 인간의 역사는, 그가 누구이든지 간에, '실패(échec)'의 역사라고 규정하고 있다.

인간이 처해 있는 이와 같은 비극적인 상황을 보다 효과적으로 설명하기 위해 사르트르는 수레를 끄는 당나귀의 비유를 들고 있다. 수레를 끄는 당나귀 앞 50cm 정도 되는 지점에 당근을 매달아놓았다고 하자. 분명 당나귀는 그 당근을 먹기 위해 앞으로 나아가려고 할 것이다. 또한 앞으로 나아가려고 하는 당나귀의 움직임에 따라 수레도 앞으로 움직이게 될 것이다. 여기서 주목해야 할 점은 당나귀는 자기 앞에 매달린 당근을 절대로 먹을 수가 없다는 사실이다. 왜냐하면 당근을 먹기 위해 당나귀가 앞으로 나아갈 때마다 꼭 그만큼 당근도 앞으로 이동할 것이기 때문이다. 당나귀는 끊임없이 당근을 먹으려고 필사의 노력을 기울이지만 결코 그것을 먹지 못하는 상황에 처해 있다. 이와 같은 상황은 자기의 존재 근거를 대면하고 있지만 그것을 자기 것으로 삼지 못하는 인간이 처해 있는 상황과 아주 유사한 것으로 보인다.

존재의 제3영역

어쨌든 우연성과 무상성에 의해 특징지워지는 즉자존재와 대자존재 사이의 존재관계를 현상학적 방법을 통해 기술하고, 이를 토대로 철학상의 아르키메데스적 점으로 일컬어지는 인간에 대해 자기 나름대로의 답을 제시하는 것, 이것이 사르트르가 『존재와 무』에서 내세우고 있는 목표이다. 그러나 그 자신이 고백하고 있는 것처럼, 그는 이 두 존재에 관한 존재관계를 기술하는 것만으로는 자신의 존재론에 만족할 만한 답을 제공할 수 없었던 것으로 보인다. 그는 이 빈틈을 메우기 위해 즉자존재와 대자존재가 아닌 또 하나의 존재를 문제 삼고 있는데, 이것이 곧 타자의 영역이다. 그러니까 사르트르는 자신의 존재론을 정립하는 과정에서 이 세계의 존재를 인간과 사물의 두 영역으로 구분하고, 인간의 범주를 다시 '나'와 '타자'라고 하는 영역으로 구분하고 있는 것이다. 사르트르는 이처럼 타자를 나의 대타존재(l'être-pour-autrui)를 형성하는 또 하나의 존재 영역 – 따라서, 존재의 제3영역 – 에 속하는 존재로 파악하고 있다.

사르트르는 자신의 존재론에서 특히 타자가 차지하고 있는 존재론적 위치를 보여주기 위해 '수치심(honte)'이라는 감정을 예로 들고 있다. 혼자 있을 때도 나는 나 자신에 대해 수치심을 느낄 수 있지만, 그럼에도 불구하고 이것은 일차적으로 내가 '누군가의 앞에서' 느끼는 감정이다. 가령 내가 야비한 행동을 했다고 치자. 이 행동에 대해 다음과 같은 두 가지 경우를 상정해볼 수 있을 것이다. 내가 나의 행동에 대해 수치심을 느끼는 경우가 그 하나이다. 이 경우에도 내가 나에 대해 느끼는 수치심은 결국 나를 객체화한 결과, 즉 나를 타자의 눈으로 바라본 결과인 것이다. 또 하나는 나의 그러한 행동이 다른 사람의 눈에 뜨인 경우이다. 이 경우에 나는 첫 번째 경우에서보다 더 절실하게 나의 행동의 야비함을 느끼게 될 것이다.

이처럼 수치심은 '타자 앞에서 내가 나에 관해 갖는' 의식이라는 이중의 구조를 형성하고 있으며, 이 두 구조는 불가분의 관계를 이루고 있다. 이러한 사실을 고려하여 사르트르는 대타존재의 문제를 크게 '타자의 존재에 관한 문제'와 '나와 타자와의 관계 문제'로 구분하고, 이 두 문제를『존재와 무』의 제3부에서 집중적으로 다루고 있다.

그와 동시에 나는 나의 존재의 구조를 파악하기 위해서는 타자를 필요로 한다. '대자'는 '대타'를 가리킨다. 그러므로 만약 우리가 인간과 즉자존재와의 존재관계를 그 전체 속에서 파악하려고 한다면, 우리는 이 책의 앞의 장(章)들에서 했던 기술들로서는 만족할 수 없는 일이다. 우리는 아주 다른 의미로 놀라운 두 문제에 답을 해야 한다. 첫 번째 문제는 타자의 존재 문제이며, 두 번째 문제는 타자의 존재에 대한 나의 '존재'관계의 문제이다.

시선 : 타자는 나를 바라보는 자이다

시선

사르트르는 대타존재의 두 가지 문제 가운데 첫 번째 문제인 타자의 존재에 관한 문제를 다루면서 '시선(regard)'의 개념을 도입한다. 사르트르는 또한 이 개념을 통해 '타자'는 원칙상 '나를 바라보는 자'라는 정의를 내리고 있다.[3] 이 정의는 외관상 간단하게 보이지만 사르트르가 이 정의에 도달하는 과정은 그리 순탄하지만은 않았던 것으로 보인다.

사르트르는 철학사상 타자의 존재를 문제삼던 헤겔(G.W.F. Hegel), 후설, 하이데거 등의 이론을 주로 검토했다. 그 과정에서 이들의 이론이 '유아론(solipsisme)' – 실재하는 것은 오직 자아와 그의 의식뿐이며 다른 것은 자아의 관념이거나 자아에 대한 현상에 지나지 않는다고 보는 철학적 입장— 에서 벗어나지 못했다는 비판을 가하면서 타자에 관한 자신의 이론을 정립하기 위한 여러 조건을 제시하고 있다. 시선의 개념을 통한 타자에 관한 사르트르의 정의는 이 조건들 하나하나를 검토하는 과정에서 도출된 것이다.

사르트르가 제시하고 있는 조건들은 다음과 같다.

> 제1조건 : 타자의 존재는 개연성일 수 없다.
> 제2조건 : 코기토(cogito)를 출발점으로 삼아야 한다.
> 제3조건 : 타자는 먼저 객체일 수 없다. 타자는 나의 인식
>   의 구성 요소가 될 수 없다. 나와 타자와의 관
>   계는 인식관계가 아니라 존재관계이어야 한다.
> 제4조건 : 나와 타자와의 관계는 내적 부정의 관계이어야
>   한다.
> 제5조건 : 타자는 신의 관념에서 벗어나야 한다.

사르트르는 이 조건들을 충족시킬 수 있는 타자의 존재에 관한 이론의 정립을 원했으며, 이 조건들을 그의 예리한 직관을 통해 분석하고 있다. 위의 조건들 가운데 제2조건과 제5조건은 타자의 존재에 관한 이론을 정립하기 위한 조건들로만 소용되는 것이 아니며 그의 존재론 전체를 관통하는 것이다. 따라서 사르트르는 이 두 개의 조건에 대해서는 별도로 검토

를 하고 있지 않다. 결국 문제가 되는 것은 제1조건, 제3조건, 제4조건인데, 사르트르는 이 조건들을 다음의 두 예를 통해 자세히 분석하고 있다.

두 가지 예

예 1 : 나는 지금 어느 공원에 있다. 내게서 멀지 않은 곳에 잔디밭이 있고, 이 잔디밭을 따라서 의자들이 놓여 있다. 이때 한 사람이 의자 옆을 지나간다. 나는 이 사람을 본다. 나는 그를 하나의 객체로서, 그리고 동시에 한 명의 인간으로서 파악한다. 이것은 무엇을 말함인가? 또 내가 이 인간을 한 명의 인간이라고 말할 때, 나는 무엇을 말하고자 함인가?

예 2 : 내가 가령 질투심에 불타서, 관심을 가지고서, 또는 못된 버릇 때문에 문에 귀를 대고 자물쇠 구멍으로 안을 들여다본다고 상상해보자. ……그런데 갑자기 나는 복도에서 발자국 소리가 나는 것을 들었다. 이것은 무엇을 의미하는가? 누군가에 의해 바라보인다는 것은 무엇을 의미하는가?

사르트르는 이 두 예를 차례대로 검토함으로써 위에서 언급한 세 개의 조건을 충족시킴과 동시에 타자는 나를 바라보는 자라는 정의를 내리고 있다. 위의 두 예를 분석하고 있는 사르트르의 뒤를 따라가보자.

사르트르에 의하면 예 1에서 내가 가령 그 인간을 바라보면서 인형과도 같은 하나의 객체로 평가하고 있는 동안에는 다음과 같은 현상들이 주로 나타난다. 우선, 나는 그 인형-객체에 대해 보통 다른 사물들에 해당하는 시간적, 공간적 범주들을 적용한다. 그러니까 나는 지금 그 객체-인형을 나로부터 약 3m가량 떨어진 곳에 있으며, 의자로부터 약 1m 정도 떨어진 곳에 있다는 식으로 파악하는 것이다. 또한 내가 중심을 차지하고 있는 세계에 속해 있는 다른 사물들과 그 인형-객체 사이의 관계는 단순히 '덧붙여진 관계'에 불과하다. 이것은 그 인형-객체로 인해 내가 중심이 되어 형성된 세계의 다른 사물들 사이에 그 어떤 새로운 관계도 나타나지 않는다는 것을 의미한다. 게다가 나는 내가 중심이 되어 형성된 세계에 아무런 변화를 주지 않고서 그 인형-객체로부터 관심을 돌릴 수 있다.

그러나 계속되는 사르트르의 설명에 의하면, 지금까지와는 달리 예 1에서 내가 공원에 나타난 인간을 나와 동일한 인간으로 평가할 때는 다음과 같은 현상들이 발생한다. 먼저 그 인간과 내가 중심으로 있던 세계에 속했던 다른 사물들 사이에 맺어지는 관계는 이제 단순히 덧붙여진 관계가 아니며, 완전히 새로운 관계의 양상을 띠게 된다. 이것은 그 인간 주위에 지금까지 나에게 속했던 사물들로 된 하나의 새로운 세계가 형성된다는 것을 의미한다. 또한 새로이 형성된 세계에서는 지금까지 내가 중심으로 있던 세계의 사물들이 그 새로운 세계의 중심이 되는 그 인간-객체라고 하는 한 극점을 향하여 나로부터 멀어져간다. 그 결과 나는 세계의 중심으로서의 위치를 상실하게 된다.

이러한 의미에서 내가 중심으로 있는 세계에 한 명의 인간이 출현한 것은 나의 세계를 훔쳐가는 하나의 특수한 존재의 출현으로 여겨진다. 사르트르는 이와 같은 타자의 출현을 나의 세계 내에서 발생한 '하나의 작은 균열(une petite lézarde)'로 규정하고 있으며, 이 균열을 통해 나의 세계에 속했던 모든 것들은 그 인간-객체 쪽으로 끊임없이 흘러나간다고 보고 있다. 그러니까 모든 것은 마치 나의 세계에, 내가 중심이 되어 조직된 세계의 한복판에 하나의 구멍이 뚫리고, 나의 세계를 구성했던 모든 존재들이 이 구멍을 통해서 모조리 빠져나가는 것처럼 진행되는 것이다. 사르트르는 이 현상을 타자의 출현으로 인해 나의 세계에 발생하는 '내출혈(hémorragie interne)'로 규정하고 있다. 그 결과 나의 세계, 내가 중심이 되어 형성되었던 세계는 그 인간-객체의 출현으로 인해 점차 와해된다. 다만 내가 그 인간-객체를 인형-객체 정도로 다시 파악한다면 그 인간-객체의 출현으로 인해 나의 세계 속에서 발생한 내출혈과 나의 세계의 와해는 정지되고, 모든 사태는 원상태로 회복될 수 있다.

그러나 예 2에서처럼 내가 누군가에 의해 바라보이고 난 뒤에 겪는 변화들은 예 1을 통해서 내가 겪었던 변화들과는 근본적으로 다르다는 것이 사르트르의 주장이다. 방금 살펴본 것처럼, 예 1에서 내가 공원에 나타난 한 명의 인간을 나와 같은 인간으로 파악하는 경우 나의 세계 속에 내출혈이 발생하기는 하지만, 이 내출혈은 나에 의해 응고되고, 모든 사태는 다시 원상태로 회복될 수 있었다. 그러나 예 2에서와 같이 누군가에 의해 내가 바라보이고 난 뒤에는 이 내출혈, 즉 나를-바라보는-자 쪽을 향해 이루어지는 나의 세계의 유출은 끝없이 진행된다. 따라서 누군가에 의해 바라보인다는 것은 내가 중심으로 있던 세계가 완전히 와해되는 것을 의미한다. 다시 말해 그 시선의 주체가 중심이 되어 새로이 형성된 세계가 결국 내가 중심이 되어 형성되었던 첫 번째 세계 위에 와서 겹쳐 그 세계를 대신하게 되는 것이다. 그 이후에 내가 더 이상 그 세계의 주인 자격을 유지할 수 없는 것은 당연하다. 그와는 반대로 나는 누군가가 중심이 되어 새로이 조직된 또 다른 세계에서 다른 존재들과 마찬가지로 그 누군가에 의해 거리를 부여받는 사물, 즉 객체의 자격을 부여받는 존재가 된다.

또한 이처럼 누군가가 나를 바라봄으로써 나에게 부여하고 있는 나의 모습— 이것은 '나의-바라보인-존재(mon être-vu)'로서 나의 즉자존재에 다름 아니다— 은 나의 가능성이 아닌 그 누군가의 가능성에 의해 크게 좌우된다. 다시 말해 나는 이 존재를 직접적으로 산출할 수 없다. 게다가 나는 이 존재가 구체적으로 어떤 모습을 하고 있는가를 알 수가 없다. 보통 카드놀이에서 내가 상대방의 손에 든 카드의 안쪽을 볼 수도 알 수도 없는 것과 마찬가지로, 나의-바라보인-존재는 그대로 나의 '한계'— 이에 걸맞게도 사르트르는 타자의 시선 뒤를 투명하고 그 깊이를 알 수 없는 얼어붙은 호수, 순수한 어둠 등으로 묘사하고 있다― 를 보여주는 것이다. 요컨대 그 존재는 그것의 정체와 무게를 전혀 알지 못한 채 내가 짊어져야만 하는 '짐(fardeau)'이라고 할 수 있다.

이처럼 자신의 보는 행위를 통해 나와 내가 중심이 되어 형성되었던 세계에 변형을 가하고, 그 자신이 중심이 된 새로운 세계에서 자신으로부터의 거리를 나에게 체험시키며, 나의 가능성을 응고시키는 것, 따라서 나를 객체화시키고 즉자화시키면서 나에게 그 자신의 무한한 자유와 주체로서의 모습을 체험시키는 것, 이것이 바로 사르트르가 예 2의 분석을 통해 보여주고 있는 내용이다. 그리고 이러한 보는 행위로 인해 발생하는 여러 현상들을 분석한 후에 사르트르는 시선의 개념을 도입해 타자는 '나를 바라보는 자'라는 정의를 내리고 있다. 다시 말해 시선은 타자의 나에 대한 직접적이고 구체적인 현전을 가능케 해주는 개념인 것이다.

신체

그런데 타자가 나를 바라볼 때 그의 시선하에 놓이는 것은 바로 나의 '신체(corps)'이다. 이와 마찬가지로 내가 타자를 바라볼 때 나의 시선하에 놓이는 것 역시 타자의 신체이다. 이러한 사실로부터 출발해서 사르트르는 자신의 타자론에서 신체의 문제를 비중 있게 다루고 있다. 신체에 관한 그의 이론은

'아마도 훗날 역사에 의해 가장 값진 것으로 여겨질' 이론이라는 평가를 받고 있기도 하다. 하지만 사르트르의 신체론이 갖는 난해함— 한 연구가는 신체를 다루는 과정에서 사르트르 자신도 어려움을 겪고 있을 정도라고 말하고 있다— 으로 인해 여기서는 다음과 같은 사실을 지적하는 것으로 그치고자 한다. 즉, 사르트르는 신체를 의식과 같은 것— 그러니까 그는 심신일원론의 입장을 취하고 있다— 으로 보고 있다는 점이 그것이다. 그 대신에 우리는 사르트르의 단편집 『벽』에 실린 다섯 단편 가운데 마지막 단편인 「어느 지도자의 유년 시절」의 주인공인 뤼시앵(Lucien)의 몇몇 행동을 통해 신체가 시선에 의해 객체화되고 즉자화된다는 것의 의미가 어떤 것인지를 살펴보고자 한다.

뤼시앵은 어렸을 때부터 타자란 어떤 존재인지에 대해 계속해서 궁금증을 가지고 있다. 특히 그는 타자의 시선하에 놓이는 자신의 신체가 어떤 의미를 가지고 있는가를 정확히 알고 있지 못하다. 그럼에도 불구하고 그는 타자의 시선과 자신의 신체에 대해 늘 커다란 관심을 가지고 있다. 가령 그는 학교에서 교실의 맨 뒷자리에 앉고 싶어한다. 왜냐하면 교실 앞쪽에 앉아 있는 그는 그보다 뒤에 앉아 있는 다른 친구들로부터 오는 시선을 일방적으로 받아야만 하는 위치에 있기 때문이다. 하지만 그는 자신의 목덜미를 바라볼 수도 없고 또 때로는 그것이 있는지조차도 잊어버린다. 그럼에도 불구하고 그는 뒤에서 오는 시선 때문에 목덜미와 등이 근질근질해지는 것을 항상 느끼고 있다.

그래서 그는 타자에 의해 자신의 신체가 바라보임을 당한다는 것이 어떤 의미를 갖는지 알아보기 위해 몸을 씻고 있는 자신의 모습을 하녀인 제르멘(Germaine)을 비롯한 다른 사람들이 열쇠구멍으로 들여다본다고 상상하게 된다. 이 장면은 위에서 우리가 시선의 의미를 이해하기 위해 참고했던 **예 2**와 정반대되는 장면이다.

아침에 목욕탕에서 어른처럼 혼자 몸을 씻고 있을 때, 코스틸, 불리고 영감, 제르멘 등이 열쇳구멍으로 엿보고 있는 장면을 상상해보았다. 그러면서 뤼시앵은 어느 쪽이라도 볼 수 있게 이리저리 몸을 돌려대고 엉덩이를 문 쪽으로 내밀어, 그것이 불룩 나와서 우습게 보이도록 네 발로 엎드리곤 했다. 부파르디에 씨가 몸을 씻겨주려고 살금살금 다가오는 장면도 생각해봤다.

또 어떤 때 뤼시앵은 타자의 시선 앞에 자기의 신체를 직접 드러내 보이기도 한다.

어느 날 화장실에 있을 때 삐걱대는 소리가 들렸다. 제르멘이 복도의 찬장을 닦고 있는 것이었다. 심장의 고동이 멈춘 것 같았다. 그는 화장실 문을 살며시 열고 나왔다. 바지를 질질 끌면서 엉덩이를 드러낸 채 넘어지지 않고 걸으려고 깡충깡충 뛰어야 했다. 제르멘은 의연한 눈초리로 그를 쳐다보았다.

'어머니! 도련님은 자루를 끼고 돌아다니는 거예요?'

그는 얼른 바지를 추켜올리고, 침대로 가서 쓰러졌다.

이와 같은 행동 때문에 뤼시앵은 그저 부모님들의 핀잔이나 듣게 된다. 그렇다고 해서 전혀 수확이 없는 것도 아니다. 그 수확이란 그가 무엇을 하든지 간에 그의 신체가 그의 생각과는 전혀 관계없이 존재한다는 느낌을 갖게 된 것이다. 다시 말해 타자가 있을 때는 언제나 그의 신체가 그 타자의 시선 하에 놓이게 되는데, 이러한 상태로 인해 그는 항상 불안함을 느끼는 것이다. 그리고 마침내 위의 장면과 정반대되는 장면을 통해 타자의 신체를 바라본다는 것이 어떤 의미가 있는지를 깨닫게 된다. 그는 몸을 씻는 어머니의 모습을 열쇳구멍으로 들여다보면서 어머니의 신체를 자신의 시선을 통해서 하나의 객체로 포착하고 있다.

뤼시앵은 제 몸이 보이지 않는다고 상상하는 것이 즐거웠다. 그리고 복수를 하기 위해서 다른 사람이 무심결에 어떤 짓을 하고 있나 알아보기 위해서 열쇳구멍으로 엿보는 버릇을 가지게 되었다. 그는 어머니가 몸을 씻는 장면을 보았다. 어머니는 세척기 위에 앉아서 졸고 있는 듯했다. 아무도 보지 않는다고 생각해서인지 자기의 몸과 얼굴까지도 완전히 잊고 있는 것이 분명했다. 솜뭉치만이 잊혀진 육체 위를 왔다 갔다 하고 있었다. 그 노곤한 몸짓으로 보아 도중에 목욕을 그만두려는 것같이 느껴졌다. 어머니는 비눗조각을 헝겊에 칠했다. 이윽고 그 두 손이 다리 사이로 보이지 않게 되었다. 그 얼굴은 평온하고 수심에 잠긴 듯했다. 확실히 딴 생각을 하고 있는 모양이었다. 가령 뤼시앵의 교육이라든가, 푸앵카레 씨의 문제라든가. 그러나 그동안에도 어머니는 여전히 장밋빛 살덩어리였다. 사기 세척기 위에 앉아 있는 묵직한 육체였다.

이처럼 뤼시앵의 시선하에서 어머니는 객체화되고 즉자화되고 있다. 물론 그녀는 몸을 씻고 나와 언제든지 그를 다시 바라봄으로써 그녀 자신의 주체성을 회복할 수 있을 것이다. 하지만 여기서 한 가지 분명하게 지적할 수 있는 점은 뤼시앵의 시선을 통해 즉자화되고 객체화되는 것은 바로 그의 어머니의 신체라는 것이다. 아마도 그가 학교 교실에서 친구들의 시선을 경험하면서 목덜미와 등에 근질근질함을 느꼈던 경험, 또 화장실에서 나오면서 제르멘의 시선을 받고 안절부절못했던 경험은 바로 그들의 시선하에서 매번 자신의 신체가 객체화되고 즉자화되어 하나의 '육체'[4]가 되어가는 것을 느끼는 것과 깊은 관련이 있어 보인다.

갈등 : 나와 타자와의 근본적 관계

승격과 강등

우리는 대타존재의 두 가지 문제 가운데 하나인 타자의 존재 문제와 관련하여 '시선'이 나에 대한 타자의 직접적이고 구체적인 현전을 보여주는 의미를 담고 있다는 사실을 살펴보았다. 그런데 시선은 보통 알고 있는 것처럼 타자가 두 눈을 집중시켜 나를 바라보는 단순한 시각 작용만을 의미하는 것이 아니다. 사르트르에 의하면 시선이란 오히려 두 눈이 전도체가 되어 나타나는 그 시선 주체의 의식의 흐름이라고 할 수 있다. 따라서 시선은 그 주체가 누구이건 간에 이 주체가 바라보는 모든 것을 객체로 사로잡아버리는 '힘(puissance)'으로 규정된다. 사르트르는 시선이 갖는 이 힘을 자신의 시선 끝에 와 닿는 모든 것을 돌로 변형시켜버리는 괴물 메두사(Méduse)의 눈초리를 통해서도 설명하고 있다. 어쨌든 시선의 주체는 자신의 시선을 통해 그가 바라보는 것을 객체로 사로잡으면서 자신의 힘을 계량하는 것이다.

> 사실 내가 보는 사람들을 나는 객체로 응고시킨다. 나의 그자들에 대한 관계는 타자의 나에 대한 관계와 마찬가지이다. 그들을 보면서 나는 나의 힘을 계량한다. 그러나 타자가 그 사람들을 보고 또 나를 본다면, 나의 시선은 그 힘을 상실한다.

이 세계에서 시선은 오로지 인간에게만 고유한 것이다. 그러므로 시선의 주체는 나와 타자일 수밖에 없다. 또한 타자는 나를 바라보는 자이기 때문에, 언제 어느 곳에서라도 나를 바라보고, 내가 바라보는 것을 바라봄으로써 나의 힘을 앗아갈 수 있다. 타자는 이처럼 그의 시선을 통해 나의 힘을 무력하게 만들고, 나를 객체화시키며, 나를 무장해제시켜 무방비 상태에 빠뜨린다. 사르트르는 이와 같이 타자가 나를 바라볼 때 타자에게서 일어나는 존재론적 지위의 변화, 즉 '바라보인-존재(l'être-regardé)'에서 '바라보는-존재(l'être-regardant)'로의 변화를 '승격(transfiguration)'으로 규정하고 있다. 이것은 타자가 객체에서 주체로 바뀌는 것을 의미한다.

타자에게서 일어나는 이와 같은 존재론적 지위의 변화에는 항상 나의 존재론적 지위의 변화가 수반된다. 또한 나에게서 일어나는 변화는 타자에게서 발생하는 그것과 항상 상반된다. 즉, 나는 타자의 시선에 의해 '바라보는-존재'에서 '바라보인-존재'로 변화하게 된다. 타자의 승격과는 달리 타자의 시선에 의해 나에게 일어나는 이러한 변화는 내가 주체의 위치에서 객체의 위치로 떨어지는 것을 의미한다. 이러한 의미에서 사르트르는 타자의 시선에 의해 나에게서 발생하는 이러한 현상을 나의 존재의 '원초적 실추(chute originelle)'라고 보고 있으며, 그 현상 자체를 '강등(dégradation)'이라는 용어로 지칭하고 있다. 그러니까 타자의 시선에 의해 발생하는 나의 존재의 강등과 그의 존재의 승격은 항상 동시에 발생하며, 그 역도 마찬가지이다.

시선의 투쟁과 갈등

그러나 주체성의 철학이라고 불릴 정도로 인간의 주체성을 강조하고 있는 사르트르의 철학에서, 인간으로서 나는 한순간이라도 타자를 위한 객체로 있을 수는 없는 노릇이다. 따라서 나의 관심은 온통 나의 시선으로 타자를 바라보아 그를 다시 객체로 끌어내리려는 것에 집중된다. 하지만 나에게 적용되는 모든 것은 타자에게도 적용되며, 타자의 입장은 나의 입장과는 정반대되는 것이다. 그렇기 때문에 인간으로서 타자 역시 절대로 나를 위한 객체로 있을 수는 없는 노릇이다. 그 또한 시선을 통해 나를 객체로 삼고 주체의 위치에 서고자 하는 노력을 끝없이 경주하게 된다. 그런데 사르트르는, 비록 내가 나의 시선을 통해 타자를 객체로 사로잡았다고 하더라도, 타자의 시선이 나에게 한 번만 주어지면 모든 것은 다시 원점으로 되돌아가고 만다고 보고 있다.

그러므로 나의 계속되는 관심은 타자를 그의 객체성 속에 담아두는 일이다. 그리고 객체-타자와 나와의 관계들은 본질적으로 타자를 객체로 머물러 있게 하기 위한 계략들로 이루어져 있다. 그러나 이러한 모든 계략들이 무너져버리고 내가 다시 타자의 변모를 체험하기 위해서는 타자의 시선이 하나 있으면 충분하다.

그렇기 때문에 객체-타자는 언제 어느 상황에서 자신의 시선을 폭발시킬지 모르는, 따라서 내가 항상 주의를 해서 다루어야만 하는 '폭발성이 있는' 위험한 도구로 여겨진다.

이처럼 객체-타자는 내가 조심스럽게 다루어야 할 폭발성이 있는 도구이다. 그 까닭은 이렇다. 즉, 나는 이 객체-타자 주위에서 '사람'들이 그것을 폭발시킬 수도 있는 끊임없는 가능성, 그리고 이 폭발과 더불어 갑자기 세계가 나의 밖으로 도피하며, 나의 존재가 소외되는 것을 체험할지도 모른다는 끊임없는 가능성을 예감하기 때문이다.

사르트르에 의하면 나와 타자는 이처럼 처음부터 '함께 있는 존재(Mitsein)'가 아니며, 그러한 자격으로 나와 타자는 서로에게 '협력하기(mitmachen)'를 거절하는 관계에 있다. 즉, 나와 마찬가지로 이 세계에 우연히 출현한 타자는 나와는 근본적으로 분리되어 있는 자라는 것이다. 이러한 사실들을 종합하여 사르트르는 나와 타자와의 근본적 관계는 '갈등(conflit)'으로 귀착된다고 보고 있다. 그러니까 나와 타자는 서로 만나자마자 각자의 시선을 통해 자신의 힘을 과시하고 계량하면서 서로가 서로를 객체로 사로잡고 주체의 위치를 차지하기 위해 무한 투쟁을 펼쳐나간다는 것이다.

시선에 대한 극단적인 반응

시선이란 이처럼 나에게 타자의 직접적이고도 구체적인 현전을 보여줌과 동시에 나를 객체화시키고 즉자화시키는 힘이다. 그렇기 때문에 타자와 주체의 자리를 차지하기 위한 시선을 통한 투쟁에 가담하여 그의 시선이 갖는 힘을 한번 호되게 경험하고 난 뒤에 나는 다음과 같은 두 가지 극단적인 반응을 보일 수도 있다. 하나는 타자의 시선을 방어할 틈도 없이 그에 의해 항상 바라보인다는 생각을 하게 되는 것이다. 그리하여 마침내는 그의 시선이 부재(不在)하는 상황 또는 그가 나를 실제로 바라보지 않는 상황에서조차도 그에 의해 내가 항상 바라보이고 있다는 강박관념을 갖게 된다. 다른 하나는 그와는 반대로 내가 타자에 의해 바라보이지 않는 상태에서 그를 항상 일방적으로 바라보려고 하는 것이다.

가령 단편집 『벽』에 실린 네 번째 단편인 「은밀」의 중심인물인 뢸뤼(Lulu)는 누구든지 그녀의 등 뒤에 와서 전혀 짐작도 할 수 없는 동작으로 그녀를 바라보고 괴롭히는 것을 대단히 싫어한다.

나는 뒤에서 누군가가 내게 손대는 것이 딱 질색이다. 등 따위는 차라리 없었으면 좋겠다. 볼 수도 없는 사람이 내게 수작을 부리는 것을 나는 싫어한다. 그들은 제멋대로 놓을 걸 수도 있고, 게다가 그들의 손은 보이지도 않는다. 손이 올라가고 내려가고 하는 것을 느낄 수는 있지만, 어디로 향하는지는 알 수 없다. 그들은 얼마든지 우리를 보지만 우리는 그들을 볼 수가 없다.

바로 이러한 이유 때문에 뢸뤼는 남편 앙리(Henri)뿐만 아니라 정부인 피에르(Pierre)도 싫어한다. 그들은 기회만 나면 그녀 뒤에 가서 있으려고 한다는 것이다. 특히 앙리는 항상 뢸뤼의 뒤에 붙으려는 거의 광적인 습관을 가지고 있을 정도이다.

뢸뤼의 이와 같은 반응은 더욱 첨예화된다. 실제로는 다른 사람이 그녀를 바라보지 않는 상황에서조차 그녀는 그 사람의 시선에 의해 붙잡혀 있다는 극단적인 반응을 보인다. 여러 번에 걸쳐 다른 사람들이 자신의 등 뒤에서 보내는 시선을 경험한 그녀는 정부인 피에르와 육체관계를 갖고 난 뒤에 아무도 없는 방에서 누군가가 자기를 보고 있다고 느끼면서 소스라치게 놀라기도 한다. 하지만 실제로 그 방에는 아무도 없다. 우리는 이와 같은 장면을 사르트르의 다른 문학작품에서도 볼 수 있다. 가령 『자유의 길』의 두 번째 권인 『유예』에서 다니엘(Daniel)은 아무도 없는 텅 빈 공원에서조차 눈에 보이지 않는 시선을 느낀다.

> 그리고 거기에는 아무도 없었네. 알겠나, 마티외, 아무도 없었어. 그러나 그 시선은 거기에 있었어. ……나는 구석으로 몰리고 웅크렸지. 나는 관통당하고 동시에 불투명했지. 나는 하나의 시선 앞에 존재하고 있었네.

우리는 이와 비슷한 장면을 단편집 『벽』의 첫 번째 단편인 같은 제목의 「벽」에서도 볼 수 있다. 「벽」의 중심인물 가운데 한 명인 파블로(Pablo)는 잠깐 잠이 든 사이 총살당하는 꿈을 꾼다. 그는 이 꿈속에서 적에게 용서를 빌며 죽기 싫다고 발버둥치는 장면이 같이 있던 벨기에 의사의 눈에 띄지 않았는가 하는 두려움에 사로잡힌다. 그러나 그 순간 의사는 그를 바라보지 않고 있었던 것이다.

> 한번은 정말 일을 당한 것으로 생각했다. 잠시 잠이 들었던 모양이었다. 놈들은 나를 벽으로 끌고 갔는데, 나는 악을

쓰면서 용서해달라고 애걸하고 있었다. 나는 잠에서 깨어 벌떡 일어나 벨기에 의사 놈을 바라보았다. 잠결에 아우성이나 치지 않았는지 겁이 났다. 하지만 그는 수염을 쓰다듬고 있을 뿐 아무것도 알아차리지 못한 것 같았다.

이러한 반응들은 모두 나를 바라보고 객체화시킴으로써 나에게 자신의 힘을 과시하는 타자의 존재론적 위상을 극명하게 보여주고 있다. 이러한 반응들은 또한 역으로 내가 타자를 바라보는 자의 위치에 서고자 하는 더욱 강한 계기로 작용하기도 한다. 이 계기를 통해 위에서 지적했던 타자의 시선에 대한 두 번째 극단적인 반응이 나타난다. 이 두 번째 반응은 첫 번째 반응과는 완전히 반대되는 것이다. 첫 번째 경우와는 달리 나는 이제 타자가 나를 전혀 바라볼 수 없는 상태에서 타자를 일방적으로 바라보고자 한다. 가령 위에서 보았던 「은밀」의 뢸뤼는 니스(Nice)에 있는 별장에서 정부인 피에르와 같이 지내게 되면 온종일 벌거벗고 있을 것인데, 이러한 상황에서 항상 그를 앞장세우겠다는 각오를 다짐하고 있다.

당신은 니스의 내 별장으로 와야 해. 별장은 하얀색인데, 대리석의 계단이 있고, 바다를 향해 있으며, 우리는 온종일 벌거벗고 살 것이라고, 그가 말했다. 벌거벗고 계단을 올라가다니 참 우습기도 하지. 나를 볼 수 없도록 그를 반드시 앞장세우고 말 테다. 그렇지 않고는 발 하나 올려놓을 수도 없다. 나는 꼼짝도 하지 않고 그가 눈이나 멀었으면 하고 기도할 테다.

그런데 내가 나 자신의 모습을 드러내지 않으면서 타자를 일방적으로 바라보기만 하는 위치나 상태를 선호하는 것은 신(神)의 위치에 서려는 것과 같은 의미를 담고 있다는 것이 사르트르의 생각이다. 왜냐하면, 비록 사르트르가 신을 논리적으로 모순된 개념으로 보고 있기는 하지만, 그럼에도 불구하고 신을 절대로 객체가 되지 않는 주체, 영원히 절대적인 시선을 가진 주체로 여기기 때문이다.

또한 타자가 나를 보지 못하는 상태에서 내가 그를 일방적으로 바라보려는 반응과 관련하여 지적할 수 있는 한 가지 흥미로운 사실은 높은 곳에서 아래를 일방적으로 바라보려는 행동과 옷을 입는다는 것의 의미이다. 단편집 『벽』의 세 번째 단편인 「에로스트라트」의 주인공인 일베르(Hilbert)의 의견에 따르면 보통 사람들은 위에서 자신들에게 떨어지는 수직 시선(regard vertical)에 대해 부주의하며 방어를 하지 않는다.

사람이란 위에서 굽어보아야 하는 법이다. 나는 불을 끄고 창가에 기대었다. 그들은 자신들이 위에서 내려다보인다는 것을 꿈에도 생각하지 않는다. 그들은 앞을 단정하게 꾸미고 때로는 뒤도 살피지만, 그 모든 효과란 1m 70cm 키의 구경꾼들을 위해 꾸며져 있을 뿐이다. 누가 도대체 7층에서 내려다보는 실크햇의 모양에 주의를 하겠는가? 그들은 어깨와 머리를 짙은 색과 호사한 옷감으로 방어하는 것을 게을리 한다. 그들은 인간의 이 커다란 적, 즉 수직으로 떨어지는 시선과 대적할 줄 모른다.

따라서 일베르는 자신의 시선을 일방적으로 보낼 수 있고, 남들이 전혀 자신의 시선을 예측할 수 없는 높은 곳에서 평생을 보내기를 원한다. 또한 그가 다른 사람들에 대해 갖는 정신적 우월성 역시 바로 이러한 물질적 상징에 의해 나타난다고 생각한다.

7층의 발코니. 내가 일생을 보내야 할 곳은 바로 여기다. 정신적인 우월성을 지탱하기 위해서는 물질적인 상징이 있어야 한다. 그렇지 않고는 이 우월성은 무너지고 만다. 그런데 솔직하게 말해서 다른 사람들을 능가하는 나의 우월성이란 무엇인가? 위치의 우월성, 그 이외의 아무것도 아니다. 나는 나 자신 안에 있는 인간 위에 자리 잡고 내려다본다. 그러기에 나는 노트르담 성당의 종탑과 에펠탑의 위층과 사크레 쾨르 성당과 들랑브르 가(街)의 건물 7층에 있는 내 집을 좋아하는 것이다. 그것들은 비할 바 없는 상징들이다.

일베르가 가지고 있는 이와 같은 생각은 결국 타자가 나를 보지 못하는 상태에서 나만이 그 타자를 일방적으로 바라보려는 반응의 특수한 경우에 해당하는 것이다. 그러니까 일베르는 다른 사람들과의 관계에서 항상 주체의 자격, 즉 그들을 일방적으로 바라봄으로써 항상 객체로 포착하고자 하는 생활을 평생 영위하고자 하는 것이다. 이와 같은 그의 행동은 급기야는 다른 사람들과 악수를 할 때도 항상 끼고 다니는 장갑을 벗지 않는 행동으로도 이어진다. 또한 창녀인 르네(Renée)를 호텔방으로 데려가 강제로 옷을 벗기는 대신 그 자신은 목까지 옷을 입고 심지어는 장갑까지 긴 채 좋은 기분을 만끽한다.

여자는 쑥스러운 몸짓으로 이리저리 서성거리기 시작했다. 벌거숭이가 되어 걷는 것보다 여자를 더 거북하게 하는 것도 없다. 그들은 발꿈치를 땅에 붙이는 법이 없다. 창부는 허리를 구부리고 팔을 늘어뜨리고 있었다. 한편 나로 말하면 대단히 기분이 좋았다. 나는 그곳 안락의자에 조용히 앉아 목까지 옷으로 휘감고 장갑까지도 끼고 있었다. 이 무르익은 여자는 내 명령대로 온통 벌거숭이가 되어 내 주위를 맴돌고 있는 것이다.

일베르가 이처럼 벌거벗고 있는 르네 앞에서 흡족해하는 이유는 사르트르의 존재론에서 옷을 입는다는 것이 옷을 입고 있는 자의 객체성을 감추며, 주체성을 보호해준다는 의미를 담고 있기 때문이다.

타자의 두 가지 존재론적 지위

타자 : 지옥과 필수불가결한 매개자

　타자는 자신의 시선을 통해 나를 바라보면서 나의 세계를 훔쳐가고 동시에 나에게 객체성을 부여하는 존재이다. 그러므로 타자는 항상 나와 투쟁의 관계에 있을 수밖에 없는 처지에 놓여 있다. 이것이 위에서 살펴본 나와 타자 사이에 맺어지는 근본적 관계의 핵심적인 내용이었다. 사르트르는 이와 같은 내용을 극작품 『닫힌 방』에서 가르생(Garcin)의 목소리를 통해 한 줄의 대사로 요약하고 있다. 타자는 곧 나의 '지옥(enfer)'이라는 것이다.

가르생 : 나를 잡아먹을 듯한 이 시선들……. 아! 당신들은 고작 두 명뿐이었는가! 훨씬 더 많다고 생각했는데. (그는 웃는다.) 이것이 지옥이지. 전에는 전혀 생각을 하지 못했었지……. 당신들도 기억하겠지. 유황, 장작더미, 쇠꼬챙이……. 아! 다 쓸데없는 얘기야. 쇠꼬챙이 같은 것은 필요 없어. 지옥 그것은 타인들이야.

그러나 타자는 나를 바라봄으로써 나에게 객체성을 부여한다는 바로 그 사실로 인해 나와의 관계에서 투쟁의 당사자라는 존재론적 지위와는 정반대되는 또 하나의 지위를 갖게 된다. 타자가 갖는 이 새로운 지위를 보여주기 위해 사르트르는 『실존주의는 휴머니즘이다』에서 내가 나에 관한 진실을 알기 위해서는 반드시 '타자를 거쳐야만 한다'고 말하고 있다.

무엇이건 나에 관한 진실을 얻으려면 나는 반드시 타자를 거쳐야만 한다. 타자는 나의 존재에 필수불가결하다. 그뿐만이 아니라 내가 나에 대해 가지는 인식에서도 이와 마찬가지이다.

위의 내용은 『존재와 무』에서 타자란 '나와 나 자신을 연결해주는 필수불가결한 매개자(médiateur indispensable entre moi et moi-même)'란 표현으로 집약되고 있다. 그렇다면 타자가 갖는 이와 같은 존재론적 지위는 어떻게 가능한가?

이 문제를 살펴보기 위해 다음과 같은 두 가지 사실을 떠올리자. 하나는 대자존재인 인간은 죽을 때까지 자신의 존재 근거를 찾으면서 신의 존재방식인 대자와 즉자의 결합 상태를 추구하지만 결국에는 이 상태에 도달할 수 없다는 사실이다. 이러한 의미에서 인간은 사르트르의 눈에 무용한 정열로 여겨졌다는 점 역시 위에서 지적한 바 있다. 다른 하나는 타자의 출현을 살펴보면서 언급했던 타자에 의해 이 세계에 나타나는 '나의-바라보인-존재'는 나의 객체화되고 즉자화된 모습에 해당한다는 사실이다. 실제로 타자가 갖는 이와 같은 존재론적 위상, 즉 나를 자신의 시선을 통해 객체로 사로잡는 그러한 위상 때문에 그는 나의 지옥으로 규정되었다. 그 결과 그와 나와의 관계는 주체의 위치를 차지하기 위한 투쟁으로 귀착될 수밖에 없었다.

그런데 한 가지 흥미로운 사실은 타자의 시선에 의해 이 세계에 나타나는 이 나의-바라보인-존재, 곧 나의 객체화되고 즉자화된 모습은 내가 가장 애지중지해야 할 존재라는 점이다. 왜냐하면 이 존재가 바로 이유를 알 수 없이 이 세계에 출현한 나의 '존재 근거'에 해당되기 때문이다. 다시 말해 타자는 나에게 내가 그렇게 오매불망 그리며 추구하는 존재 근거를 나에게 마련해주는 존재인 것이다. 왜 그런가?

위에서 살펴본 대로 타자의 시선에 의해 나타나는 나의-바라보인-존재는 나의 가능성이 아닌 타자의 가능성에 속한다. 내가 이 존재를 직접적으로 산출해낼 수 없다는 것은 분명하다. 일상생활에서조차 내가 다른 사람들의 눈에 어떤 모습으로 비치는가 하는 것은 전적으로 그들의 소관이다. 나는 다만 그 모습이 어떤 것일까 하는 점에 대해 항상 궁금해할 따름이다. 물론 다른 사람들의 시선을 무시하면서 살아가는 사람들의 경우— 나중에 보게 될 '무관심(indifférence)'이 여기에 해당한다— 는 예외가 될 것이다. 어쨌든 여기서 한 가지 분명하게 드러나는 것은 타자의 시선에 비친 나의 존재는 내가 그것으로 있는 그러한 존재이며, 나는 그 존재에 대해 아무런 권리를 가지고 있지 못하다는 점이다. 물론 그렇다고 해서 내가 그 존재와 전혀 상관이 없는 것은 아니다. 왜냐하면 이 존재는 타자의 시선과 그의 시선 아래 놓이는 나의 실제 모습이 한데 어우러져 생겨나기 때문이다. 그러니까 나의-바라보인-존재의 50%는 나라는 존재를 질료로 하고, 또 다른 50%는 타자의 시선, 곧 그의 자유, 의식, 초월, 주체성을 질료로 해서 생겨난다.

그런데 타자에 의해 이 세계에 나타나는 나의-바라보인-존재는 바로 타자가 나에게 부여하는 나의 '외부(dehors)'라는 것이 사르트르의 주장이다.

> 한 명의 타자가 존재한다면, 그가 누구이건 간에, 그가 어디에 있건 간에, 그의 존재의 단순한 출현에 의해서 그가 나에게 달리 작용하는 일이 있을지라도, 나는 하나의 외부를 갖게 된다.

또한 이 외부는 그대로 나의 '본성(nature)'이자 '비밀(secret)'로 여겨진다. 다시 말해 타자는 나를 바라봄으로써 내가 누구인지를 밝힐 수 있는 비밀을 가지고 있는 것이다. 그리고 이러한 의미에서 타자는 나의 존재를 나에게서 훔쳐가는 존재로 규정된다.

> 타자는 하나의 비밀을 가지고 있다. 이 비밀은 내가 무엇인지에 관한 비밀이다. 타자는 나를 존재케 하며, 바로 이러한 사실로 인해 나를 소유한다. 이 소유는 그가 나를 소유한다는 의식 이외의 다른 것이 아니다. ……나에게 있어서 타자는 나의 존재를 훔쳐가는 자이다.

그런데 타자가 나에 대해 가지고 있는 비밀은 우연성과는 거리가 먼 것이다. 왜냐하면 이 비밀은 타자의 시선, 곧 그의 의식과 초월에 의해 이 세계에 존재하기 때문이다. 그러니까 그것은 타자에 의해서 근거지워지고 보증된 나의 모습인 것이다. 따라서 내가 타자에 의해 이 세계에 출현한 이 나의-바라보인-존재를 나의 의식의 지향성의 구조를 채우는 한 항목으로 확보할 수 있을 때, 나는 나의 존재 근거를 확보하여 대자-즉자의 결합 상태를 실현할 수 있다는 것이 사르트르의 생각이다. 하지만 문제는 타자의 눈에 비친 나의 존재가 어떤 모습을 띠고 있는가를 내가 전혀 알 수 없다는 점이다. 그럼에도 불구하고 이와 같은 사실에 기초하여 사르트르는 타자란 곧 내가 어떤 존재인지를 나에게 가르쳐주는 존재, 곧 나와 나 자신을 연결해주는 필수불가결한 매개자라는 존재론적 지위를 가지고 있다고 보고 있다.

이처럼 시선에 의해 나에게 현전하는 타자는, 한편으로 나를 바라봄으로써 나에게 객체성을 부여하고 나의 세계를 훔쳐가는 자라는 의미에서 나의 지옥으로 규정된다. 그러나 다른 한편으로 나에게 나의 존재 근거를 마련해주는 자로 나타나며, 바로 이러한 의미에서 타자는 나의 존재의 필수불가결한 조건이 된다. 말하자면 타자는 상반되는 이중의 존재론적 지위를 가지고 있는 자이다.

타자에 대한 상반된 두 가지 태도

사르트르에 의하면 타자가 갖는 존재론적 지위는 이처럼 이중의 반대되는 것이다. 그 결과 근본적으로 갈등의 관계로 있던 나와 타자는 이제 내가 그 타자에 대해 취하는 상반되는 두 가지 태도를 중심으로 '구체적 관계들(relations concrètes)'을 정립하게 된다. 그러면 내가 타자에 대해 취하는 두 가지 태도란 어떤 것인가?

내가 타자에 대해 취할 수 있는 태도들 가운데 하나는 우선 타자에게서 그의 주체성, 의식, 자유, 바라보는-시선, 초월 등의 성격을 인정하면서 이를 그대로 내 안으로 흡수하는 것이 될 것이다. 사르트르는 이와 같은 태도를 나의 '타자에 대한 제1의 태도'라고 규정하고 있다. 타자는 원칙상 나를 바라보는 자이다. 또한 타자는 나의 존재 근거를 담고 있고, 나를 바라봄으로써 나의 존재 비밀을 알고 있는 자이다. 그렇기 때문에 내가 나의 존재 비밀을, 나의 존재 근거를 찾아나서는 경우 내가 타자에 대해 취할 수 있는 태도들 가운데 하나는 바로 그가 품고 있는 나에 관한 비밀을 그대로 내게로 흡수하는 일이 될 수도 있다는 것이다. 그러니까 이 태도가 성립되기 위해서 타자는 주체성, 자유, 초월의 상태에 있어야 한다. 사르트르는 이 태도를 내가 타자의 자유를 내게로 동화시키는 태도로 이해하고 있다. 우리는 여기서 이 태도를 편의상 '동화의 태도'로 명명하기로 한다.

이와 같은 동화의 태도와 더불어 내가 타자에 대해 취할 수 있는 다른 하나의 태도는 그것과는 정반대되는 것이다. 사르트르는 이 태도를 나의 '타자에 대한 제2의 태도'[5]로 규정하고 있다. 타자란 나와의 시선 투쟁에서 나를 바라보면서 나를 객체화시키고 즉자화시킨다. 이와 동시에 타자는 나를 주체성의 자리에서 밀어내고 내가 주인이었던 상황의 새로운 주인이 된다. 그 결과 나는 이제 내 편에서 그를 바라보면서 영원히 그를 객체화시키려는 태도를 취할 수가 있는 것이다. 사르트르는 이 태도를 내가 나의 초월에 의해 타자의 초월을 뛰어넘는 태도로 이해하고 있다. 한마디로 내가 타자를 객체화하는 태도이다. 우리는 이 태도를 편의상 '객체화의 태도'로 명명하기로 한다.

타자는 '나를 바라보는 자'이다. 그리고 그러한 자로서 타자는 나의 존재의 비밀을 붙잡고 있다. 타자는 내가 무엇 '이다'라는 것을 알고 있다. 이렇게 해서 타자존재의 심오한 의미는 나의 외부에 있고, 하나의 부재 속에 사로잡혀 있다. 타자는 나에 비해 우세하다. 그래서 나는 내가 그것으로 있으면서 그것을 근거짓지 못하는 즉자를 도피하는 한도에서, 바깥으로부터 나에게 부여되어 있는 이 존재를 부인하려고 할 수 있다. 다시 말해 나는 이번에는 내 편에서 타자에게 객체성을 부여하기 위해서, 타자 쪽으로 돌아서서 그를 바라볼 수가 있다. 그 까닭은 타자의 객체성은 타자가 포착한 나의 객체성을 파괴하는 것이기 때문이다. 그러나 다른 한편으로 자유로서의 타자가 나의 즉자존재의 근거인 한도에서, 나는 타자로부터 자유라고 하는 것의 성격을 제거함이 없이 이 자유를 되찾고, 이 자유를 탈취하려고 할 수가 있다. 만약 실제로 내가 나의 즉자존재의 근거인 이 자유를 나의 것으로 할 수가 있다면, 나는 나 자신에 대해 나 자신의 근거가 될 것이다. 타자의 초월을 초월하는 것, 이와는 반대로 타자로부터 초월이라는 그 특징을 제거함이 없이 이 초월을 내 속으로 삼켜버리는 것, 바로 이것이 내가 타자에 대해서 취하는 두 개의 원초적 태도이다.

나와 타자의 구체적 관계들(I)

사랑

　사르트르는 위에서 우리가 동화의 태도라고 불렀던 제1의 태도를 중심으로 이루어지는 나와 타자와의 구체적 관계들의 예로 '사랑(amour)' '마조히즘(masochisme)' 그리고 '언어(langue)'를 들고 있다. 사르트르에 의하면 우선 사랑은 타자와의 구체적 관계들 중에서 내가 타자의 자유를 인정하면서, 그의 자유에 의해 그려지는 나의 존재를 내가 흡수하려는 제1의 태도, 곧 동화의 태도를 중심으로 이루어지는 관계들 중의 하나로 정의된다. 그러므로 사랑이 성립하기 위해서는 이 관계에 참여하는 쌍방, 즉 나와 타자는 모두 자유와 초월의 자격을 유지하고 있어야 한다. 이것은 동화의 태도를 관통하는 조건과도 부합한다. 이 조건이 충족되고 사랑의 관계가 완전히 성립되었을 때 이유를 알 수 없는 나의 존재에 이유가 주어지고, 따라서 나는 나의 존재의 우연성으로부터 벗어나는 것이다.

사랑받기 이전에는 우리가 우리 자신의 존재라고 하는 이유 붙여지지 않은, 이유 붙일 수 없는 이 혹과 같은 존재에 대해 불안하였던 것과는 반대로, 그러니까 우리가 우리 자신을 잉여존재로 느끼는 것과는 반대로, 이제 우리는 우리 자신의 이 존재가 매우 사소한 점에 있어서까지도 하나의 절대적 자유에 의해서 요구되며 욕구됨을 느낀다. 이와 동시에 우리 자신의 존재는 타자의 이 절대적인 자유를 조건짓고, 또한 우리는 우리 자신의 자유를 가지고 타자의 이 절대적인 자유를 원하고 있는 것이다. 사랑의 기쁨, 그러니까 우리가 존재하고 있다는 사실이 정당화되고 있음을 느낀다고 하는 이와 같은 기쁨이 있다고 하면 바로 그곳에야말로 사랑의 기쁨의 근거가 있는 것이다.

그러나 사랑은 이미 그 내부에 실패의 싹을 포함하고 있다는 것이 사르트르의 주장이다. 왜 그런가? 남자로서 내가 한 여자의 사랑을 구할 때— 물론 그 역도 마찬가지이다—, 내가 그녀에게서 원하는 것은 단순히 그녀의 육체를 소유하는 것이 아니라 오히려 그녀의 마음을 차지하는 것이다. 여기서 내가 원하는 것이 그녀의 마음이라는 것은 결국 내가 사랑하는 그녀는 객체의 상태가 아니라 주체의 상태, 곧 자유와 초월의 상태에 있어야 한다는 것을 의미한다. 또한 사랑하는 것은 사랑받는 것을 전제로 한다. 그렇기 때문에 나는 그녀를 사랑하면서 그녀가 나를 사랑해줄 것을 요구하며, 이를 위해 온갖 노력을 경주하게 된다. 그러나 나는 그녀에 대한 이와 같은 사랑 속에서 모순되는 상황에 빠져 있다.

우선, 만약 나의 사랑에도 불구하고 그녀가 나의 사랑에 대해 아무런 반응도 보이지 않는다면, 내가 바라는 대로 그녀는 주체성과 자유의 상태에 있기는 하다. 하지만 그녀가 나를 사랑하지 않기 때문에, 나는 그녀의 마음, 곧 그녀의 주체성과 자유를 차지할 수가 없는 것이다. 이와는 반대로 그녀가 나의 사랑에 응해 나를 사랑한다고 고백해온다면 어떤 일이 벌어질까? 물론 그녀가 나를 사랑한다고 고백하는 순간이 나에게는 가장 기쁜 순간이 될 것이다. 그도 그럴 것이 이것은 그녀에 대한 나의 사랑이 그 효과를 발휘했다는 것을 보여주기 때문이다.

그러나 사르트르는 바로 그 순간에 사랑은 실패로 돌아간다고 보고 있다. 왜냐하면 나의 사랑에 대한 응답으로 그녀가 나에게 사랑을 고백하는 순간 그녀는 자신의 자유와 주체성을 포기하면서 스스로 객체성의 상태로 떨어지기 때문이다. 사실 내가 그녀를 사랑하면서 얻고자 했던 것은 객체로 전락한 그녀의 모습이 아니라 항상 주체성과 자유를 간직하고 있는 그녀의 모습이었던 것이다. 그런데 지금 그녀가 나를 사랑한다고 고백하는 순간 나는 그녀의 사랑을 얻긴 했지만, 내가 차지하게 된 것은 궁극적으로는 주체성과 자유를 간직한 그녀가 아니라 한갓 객체로 전락해버린 그녀인 것이다. 이처럼 나는 그녀를 사랑하면서 내가 얻고자 하는 그녀의 주체성과 자유를 그 어느 때라도 차지할 수가 없는 모순되는 상황에 처해 있다. 이러한 의미에서 사랑은 이미 실패를 그 안에 품고 있는 관계로 이해되는 것이다.

그러나 사랑이 이처럼 궁극적으로는 실패로 돌아갈 수밖에 없다고 하더라도, 사랑은 나와 타자 사이에 맺어지는 여러 관계들 가운데 가장 이상적인 관계의 한 전형으로 여겨진다. 물론 이 세계에 출현하면서부터 나와 타자는 근원적으로 서로 찢기어 대립하는 갈등과 투쟁의 관계에 있다는 것이 사르트르의 생각이다. 그럼에도 불구하고 사랑은 이 관계에 참여하는 나와 타자 쌍방이 각자의 자유, 주체성, 초월을 인정한다는 실현 불가능하지만 아름다운 노력을 통하여 그와 같은 갈등과 투쟁을 극복하려는 안타까운 노력으로 보이기 때문이다.

언어

사르트르는 사랑에 관한 논의로부터 자연스럽게 언어에 관한 논의로 넘어간다. 그에 따르면 가령 타자의 사랑을 구하기 위해 내가 동원하는 여러 수단―금전, 권력, 연고 등―을 관통하고 있는 하나의 공통된 요소는 언어이다. 다시 말해 타자의 사랑을 얻기 위해 내가 강구하는 모든 수단은 결국 타자를 사랑하는 나를 표현하기 위함이라는 것이다. 그런데 언어란 근원적으로 타자를 전제로 하고 있다는 것이 사르트르의 주장이다. 그리고 이때 언어란 구어(口語)만을 의미하지 않는다. 사르트르는 타자에게 나의 존재를 알리기 위해 내가 생산해내는 모든 기호들을 다 언어에 포함시키고 있다. 그러니까 사르트르가 하이데거에게서 빌려온 "나는 내가 말하는 것으로 존재한다(Je suis ce que je dis)"라는 표현을 통해서 볼 수 있는 바와 같이, 내가 누구인지, 내가 무엇인지를 타인에게 보여주는 모든 행위를 언어로 규정하고 있는 것이다.

그런데 이와 같은 언어는 그 구조상 내가 타자의 시선에 의해 바라보여질 때 내가 체험하는 여러 가지 현상을 그대로 보여주고 있다. 우선, 언어의 주체인 나는 자유이자 초월의 상태에 있다. 이것은 분명하다. 그렇지 않다면 나는 내가 누구인지, 내가 어떤 존재인지를 타자에게 제대로 표현할 수 없을 것이기 때문이다. 위에서 우리는 타자가 자신의 시선을 폭발시켜 나를 바라볼 때 나는 그의 시선에 의해 그려지는 나의 모습이 어떤 것인지를 전혀 알 수 없다고 했다. 이와 마찬가지로 나는 타자가 내 말을 듣고 이 말에 대해 어떤 의미를 부여하고 있는지를 전혀 알 수 없다. 물론 내가 말한 바에 대해 어떤 의미를 부여하려면 타자 역시 그의 주체성과 자유의 상태에 있어야만 한다. 이처럼 언어는 그냥 나의 말을 듣고 있는 타자의 주체성과 자유를 나에게 보여준다. 따라서 나는 내가 말한 것이 타자에게 어떤 효과를 발생시켰으며, 또 타자는 내 말에 대해 어떤 의미를 부여했는가— 그 효과와 의미는 곧 타자의 주체성과 자유에 의해 이 세계에 나타나는 나의 객체화되고 즉자화된 나의 모습, 곧 나의 존재 근거라는 사실을 잊지 말자. 왜냐하면 나는 내가 말하는 것으로 존재하기 때문이다— 를 알기 위해서는 타자에게서 주체성과 자유라는 특징을 제거함이 없이 이것을 내 안으로 흡수해야 할 것이다. 이와 같은 시도는 타자에 대해 내가 취하는 제1의 태도, 곧 동화의 태도에서 볼 수 있는 시도와 정확히 일치한다.

그렇다면 내가 타자와 맺는 구체적 관계로서의 언어는 성공인가 실패인가? 이 질문에 대해 답을 미리 하자면 언어는 성공도 실패도 아닌 것으로 보인다. 이렇게 말할 수 있다면, 언어는 일종의 '유예 상태(en sursis)'에 있다고 할 수 있다. 왜 그런가? 언어는 우선 다음의 두 경우에 있어서는 분명 실패로 귀착될 수밖에 없어 보인다. 내가 말한 것을 타자가 듣지 않거나 듣기를 거절하는 경우와, 비록 내가 말하는 것을 타자가 듣는다 할지라도, 내가 한 말에 그가 부여한 의미를 나에게 전혀 가르쳐주지 않는 경우가 그것이다. 첫 번째 경우에는 나와 타자 사이의 언어를 통한 관계 자체가 맺어지지 않을 것이다. 두 번째 경우에는 첫 번째 경우와는 달리 나와 타자 사이에 언어를 통한 관계가 정립되기는 한다. 하지만 이 관계를 통해서 내가 타자의 주체성과 자유를 흡수하려는 기도, 그러니까 타자의 주체성과 자유에 의해 이 세상에 나타나는 내가 말한 것의 의미를 모두 내 것으로 만들려는 기도— 나에게 있어서 이 기도는 타자가 나에게 마련해준 나의 존재 근거를 내 것으로 하여 대자-즉자의 결합 상태를 이루려는 기도와 같은 것이라는 점을 늘 염두에 두자— 는 실패로 끝날 수밖에 없을 것이다. 왜냐하면 타자가 파악한 내가 말한 것의 의미는 그의 주체성과 자유의 영역에 속하며, 나는 그 의미가 어떤 것인지를 전혀 알 수 없기 때문이다.

한편, 위에서 살펴본 두 번째 경우와 관련하여 다음과 같은 또 하나의 경우를 가정해보자. 즉, 타자가 나를 도와 내가 말한 것에 대해 그 자신이 부여한 의미를 충실히 끝까지 나에게 가르쳐준다는 가정이 그것이다. 이 경우에 나와 타자 사이에 정립되는 언어관계는 성공으로 이어질 수도 있다. 바로 이러한 이유에서 우리는 위에서 언어가 실패도 아니고 성공도 아니라고 말했던 것이다. 다만 이 경우에도 하나의 문제가 남는다. 비록 타자가 나에게 내가 말한 것의 의미를 하나도 빼놓지 않고 충실히 가르쳐주는 것이 가능하다고 하더라도, 그가 과연 내가 말한 것의 의도를 정확히 파악할 수 있는가 하는 문제가 그것이다. 이 문제에 대한 답이 긍정적이라면 그 답은 그대로 갈등과 투쟁으로 점철되는 나와 타자 사이의 비극적 관계에서 벗어날 수 있는 하나의 유력한 장치가 될 수도 있을 것이다.6)

마조히즘

　여하튼 내가 타자와 맺는 사랑은 실패로 끝날 수밖에 없다. 또한 내가 타자와 맺는 언어관계는 성공으로 막을 내릴 수 있는 매우 희박한 가능성을 가지고 있기는 하지만, 그래도 이를 위해서는 이 관계에 참여하는 쌍방인 나와 타자는 필사의 노력을 기울여야만 한다. 사르트르는 특히 주체성 대 주체성, 자유 대 자유, 초월 대 초월의 방식으로 타자와 관계를 맺으면서 타자의 주체성과 자유를 나에게로 동화시키려 했던 사랑이 실패로 돌아가는 경우, 이와 같은 실패는 이제 사랑하는 사람인 타자로부터 아무것도 기대하지 않으면서 나 자신을 그 타자의 주체성과 자유의 대상으로 전락시켜버리는 기형적인 사랑으로 발전할 수도 있다고 보고 있다. 사르트르에 의하면 이것이 마조히즘의 관계이다. 그러니까 마조히즘은 타자에게서 주체성과 자유라는 속성을 그대로 인정한 채 이것들을 내가 흡수하려고 시도하기 전에 먼저 나의 주체성과 자유를 타자를 위해 포기하려는 노력을 지칭하는 것이다.

　이와 같은 노력의 밑바탕에는 다음과 같은 생각이 깔려 있다. 우선 타자는 자기 안에 나의 존재 근거를 담고 있는 자이기 때문에, 만약 내가 나를 존재시키는 일을 전적으로 타자에게 일임한다면, 이 과정에서 처음부터 방해물이 되는 것은 나 자신의 주체성과 자유라는 생각이 그것이다. 따라서 마조히즘이 성립하기 위해서는 다음과 같은 조건들이 충족되어야 한다. 타자는 항상 그의 주체성과 자유를 유지하고 있어야 한다. 그리고 나는 그의 주체성과 자유를 솔선수범하여 인정하면서 나를 그에게 하나의 객체로 떠맡긴다. 하지만 마조히즘의 최종 단계에서는 내가 타자의 주체성과 자유를 나에게로 다시 동화시켜야 하기 때문에 나 역시 궁극적으로는 자유와 주체성의 자격으로 있어야 한다. 이와 같은 조건들이 충족되고 마조히즘의 관계가 성립되면 내가 거기에서 기대할 수 있는 것은 타자의 주체성과 자유에 안주하며 휴식을 취하는 것이다. 나는 이 휴식 속에서 나의 주체성과 자유를 포기한 대가로 타자에 의해 근거지워진 나의 존재 근거를 확보할 수 있다. 하지만 이와 같은 휴식은 씁쓸한 휴식이다. 왜냐하면 그것은 내가 타자를 위해 나의 주체성과 자유를 스스로 포기한 대가로 얻은 휴식이기 때문이다.

하지만 사르트르는 이와 같은 마조히즘 역시 실패로 끝날 수밖에 없다고 보고 있다. 왜냐하면 마조히즘이 한창 진행 중이라고 하더라도 내가 나 자신을 한순간이라도 타자를 위한 객체로 평가하는 것은 용납될 수 없는 일이기 때문이다. 게다가 사르트르는 타자 앞에서 내가 내 자신을 객체화시키는 것은 내가 나 자신에 대해 죄를 짓는다는 것과 동의어로 보고 있다. 또한 나는 내 편에서 나의 시선을 폭발시켜 타자를 언제든지 객체로 출두시킬 수 있기 때문에 마조히즘의 관계는 실패로 귀착될 수밖에 없다는 것이다.

나와 타자의 구체적 관계들(II)

사디즘

　내가 타자에 대해 취하는 제1의 태도를 중심으로 이루어지는 사랑, 언어, 마조히즘 등의 관계들을 기술하고 난 후에 사르트르는 내가 타자에 대해 취하는 제2의 태도를 중심으로 형성되는 또 다른 형태의 구체적 관계들에 주목하고 있다. '사디즘(sadisme)' '성적 욕망(désir sexuel)' '무관심' 그리고 '증오(haine)' 등이 거기에 해당한다. 그런데 사르트르는 이와 같은 구체적 관계들이 서로 밀접한 관계를 맺고 있는 것으로 보고 있다. 즉, 제1의 태도와 제2의 태도는 우선 서로가 서로의 원인과 결과가 되는 관계를 맺고 있다는 것이다. 그러니까 제1의 태도를 중심으로 맺어지는 관계들이 실패로 돌아가는 경우에 이 실패가 제2의 태도를 중심으로 맺어지는 관계들이 정립되는 계기가 되며, 그 역도 마찬가지란 것이다.

내가 타자에 대해 취하는 제2의 태도, 곧 타자를 객체화시키려는 태도를 중심으로 이루어지는 구체적 관계들 중의 하나에는 우선 마조히즘과 반대되는 사디즘의 관계가 있다. 사르트르는 사디즘을 내가 폭력이라는 극단적인 수단을 통해 타자를 객체화시키기 위한 노력으로 정의하고 있다. 따라서 사디즘의 관계가 성립되기 위해서는 나는 주체성과 자유의 상태로 있어야 하며, 타자는 그의 주체성과 자유를 그 자신의 육체 안에 가둔 채 객체로 있어야 하는 것이다. 이러한 상황에서 내가 사디스트의 자격으로 얻기를 바라는 것은 바로 타자의 주체성과 자유를 사로잡고, 타자를 굴복시킴으로써 그에게 나의 주체성과 자유를 체험시키는 것이다.

사디스트가 이처럼 많은 집념을 가지고 얻고자 하는 것, 그가 자기 손으로 직접 반죽하려고 하고, 자기 주먹 밑에 굴복시키고자 하는 것, 그것은 바로 '타자'의 자유이다. 타자의 자유는 거기, 이 육체 속에 있다. 거기에는 타자의 사실성이 있기 때문에 이 육체는 바로 타자의 자유인 것이다. 그러므로 사디스트가 자신의 것으로 만들고자 하는 것은 타자의 자유이다.

그러나 내가 사디스트의 자격으로 수단과 방법을 가리지 않고 타자를 다루면서 그에게서 요구하는 것이 그 자신의 주체성이자 자유라면, 사디즘의 관계 역시 이미 그 내부에 실패의 씨앗을 잉태하고 있다는 것이 사르트르의 주장이다. 왜냐하면 사디스트인 내가 그에게 가하는 폭력 또는 체형이 어떠한 것이라 할지라도 타자가 그 자신을 배반하는 것은 궁극적으로 그의 자유로운 선택에 맡겨져 있기 때문이라는 것이다. 사르트르는 자살을 기도하는 극한 상황에서도 자살을 결정하는 것은 결국 자살하는 자의 최종적인 자기 결정에 따르는 것이라고 보고 있다. 또한 이러한 의미에서 인간은 자유롭지 않을 자유가 없고, 따라서 인간은 영원히 자유롭도록 선고를 받은 존재라는 것이 사르트르의 생각이기도 하다.

이와 마찬가지로 사디스트인 나의 집중 공격 – 예를 들어, 혹독한 고문 – 을 견디지 못하고 내가 요구하는 비밀을 타자가 나에게 털어놓고 마는 것도 결국 굴종하는 타자 자신의 결정에 의한 결과이다. 다시 말해 사디스트인 나는 굴종하는 타자의 이와 같은 결정에 아무런 작용도 할 수 없다. 그러나 사디스트인 나는 강제적으로 타자를 굴종시켜 그의 주체성과 자유를 사로잡았다는 모순적인 상황을 즐기게 된다는 것이 사르트르의 주장이다. 따라서 사디즘은 실패로 귀착될 수밖에 없다는 것이다. 이에 덧붙여 사디즘을 실패로 몰고 가는 또 하나의 원인으로 사르트르는 바로 사디스트인 나에 의해 굴종을 강요당하는 타자는 언제라도 그 자신의 시선을 폭발시켜 나를 다시 객체로 강등시킬 수 있다는 점을 들고 있다.

성적 욕망

사르트르는 사디즘과 더불어 내가 타자를 객체화시키려고 하는 제2의 태도를 중심으로 이루어지는 구체적 관계들 가운데 하나로 성적 욕망을 들고 있다. 이것은 사디즘과 매우 유사한 관계이나 약간의 차이가 있다. 사르트르에 의하면 성적 욕망 역시 이 욕망의 주체인 내가 타자의 주체성과 자유를 그의 육체 안에 가두는 방식을 통해 초월하려는 기도로 정의된다. 성적 욕망은 이처럼 타자를 육체화시키고 이를 통해 그의 의식을 육체 속에 감금시키려고 한다는 면에서는 사디즘과 비슷하다. 하지만 이 두 관계는 다음과 같은 두 가지 점에서 서로 그 양상을 달리한다.

우선 사디스트인 나는 도구를 이용하여 타자를 육체화시키지만 나 자신은 전혀 육체화되지 않는다. 반면 성적 욕망의 주체로서의 나는 타자와 마찬가지로 육체화를 경험하면서, 그러니까 '이중의 육체화'를 통해 타자를 객체화시키려고 한다. 바로 이것이 사디즘과 성적 욕망의 첫 번째 차이점이다. 또 하나의 차이점은 사디즘에서는 타자를 육체화시키 위해 도구를 이용하지만, 성적 욕망에서는 같은 목적을 위해 '애무(caresse)'를 이용한다는 점이다. 사르트르에 따르면 애무란 성적 욕망의 주체인 나의 손가락 밑에서 타자의 육체를 탄생시키는 것으로 정의된다.

애무는 단순한 접촉이 아니다. 인간만이 오직 애무를 하나의 접촉으로 환원시킬 수 있다. 그러나 그렇게 되고 보면 애무의 본래적인 의미는 상실된다. 애무는 그저 단순히 스치는 일이 아니기 때문이다. 그것은 '가공'이다. 타자를 애무할 때 나는 나의 손가락 밑에서 타자의 육체를 탄생시킨다. 애무는 타자를 육체화하는 의식들의 총체이다.

따라서 애무를 동반하는 성적 욕망의 궁극적 목표는 타자의 육체에 내 자신의 육체를 더함으로써, 즉 이중의 육체화를 통해 순간적이나마 타자의 주체성과 자유를 사로잡으려는 것이다.

성적 욕망은 나와 타자의 이중의 육체화를 통한 육체의 합일을 통해 이루어지는 '쾌감(plaisir)'을 그 성공의 지표로 삼는다. 하지만 이 징후가 나타나는 경우에도 이 관계는 실패라는 것이 사르트르의 생각이다. 성적 욕망의 주체는 자신의 육체와 타자의 그것이 하나가 되어 쾌감의 극치에 도달했을 때 목표를 달성한 것으로 생각한다. 하지만 성적 욕망은 쾌감이 극치에 도달한 바로 그 순간에 실패로 뒤바뀌는 모순을 내포하고 있다. 왜냐하면 성적 욕망을 통해 내가 원했던 것은 주체성과 자유의 자격으로 내가 타자의 주체성과 자유를 사로잡는 것인데, 실제로 나는 타자와 육체관계를 맺은 후에 나에 의해 육체화되어 객체의 상태로 머물러 있는 타자 곁에서 나 역시 타자에 의해 육체화된 객체의 상태로 있을 수밖에 없기 때문이다. 또한, 비록 내가 애무를 통해 타자를 육체화시켜 객체화시켰다고 해도, 이러한 상태에서 타자가 그의 시선을 폭발시켜 나를 객체로 포착하는 일은 항상 가능하다는 것이다.

무관심

사르트르에 의하면 무관심 역시 내가 타자에 대해 취하는 제2의 태도를 중심으로 나와 타자 사이에 맺어지는 구체적 관계에 포함된다. 사르트르는 무관심을 내가 타자에게 내보이는 '맹목성(cécité)'에 의해 특징지워지는 관계로 보고 있다. 맹목성에 의해 침윤된 무관심에서 나는 타자에 대해 다음과 같은 확고한 신념을 가지고 있다. 타자의 시선은 나를 절대로 객체화시키지 못한다는 신념이 그것이다. 왜냐하면 나는 타자를 무조건 객체화시키는 폭력을 행사하면서 심지어 그가 나를 바라보는 일은 절대 있을 수 없다고 상상하기 때문이다. 이러한 면에서 볼 때 타자에 대해 무관심을 행사하면서 나는 일종의 유아론의 상태에 빠져든다. 그러니까 나는 타자에게서 오는 나를 객체화시키는 모든 위험을 무시하면서 마치 이 세계에 나 혼자 존재하는 것처럼 안하무인격으로 행동하는 것이다. 그러면서 나는 편안한 상태에 있게 된다.

이 맹목 상태에 있어서 나는 나의 즉자존재와 나의 대타존재의 근거로서……특히 타자의 절대적 주체성을 무시한다. 어떤 의미에서 나는 안심한다. 나는 '뻔뻔스러워지는' 것이다. 다시 말해 나는 타인의 시선이 나의 가능성들이라든지 나의 신체를 응고시킬 수 있다는 점을 조금도 의식하지 않는다. 나는 이른바 '소심'이라고 부르는 상태와는 반대의 상태 속에 있다. 나는 안락한 상태에 있다. 나는 나 자신에 대해 거북스럽게 생각하지 않는다. 왜냐하면 나는 '외부'를 가지고 있지 않기 때문이다. 나는 내가 타자에 의해 소유되었다고는 전혀 느끼지 않는다.

그러나 사르트르는 이와 같은 무관심 역시 궁극적으로는 실패로 귀착된다고 보고 있다. 먼저, 위에서도 살펴보았듯이, 타자란 언제 어디에서든 자신의 시선을 폭발시켜 나를 객체로 소환할 준비가 되어 있는, 그렇기 때문에 항상 내가 주의를 기울여 다루어야만 하는 존재이기 때문이다. 따라서 무관심 속에서 내가 느끼는 편안함은 사실상 내가 타자에 의해 항상 바라보여질 수도 있다는 불안감에 의해 압도된다는 것이 사르트르의 생각이다. 이것이 무관심을 실패로 몰고 가는 한 가지 이유이다. 무관심을 실패로 이끄는 또 한 가지 이유는 바로 무관심 속에서 내가 절대적으로 무시하는 타자란 나의 존재 근거의 확보에 필수불가결한 존재라는 점에서 연유한다. 사실 무관심을 행사하면서 나는 타자에 대해 항상 자신 있게 나 자신을 방어할 수 있으며, 그 결과 나는 그 타자 앞에서 항상 **뻔뻔**해질 수 있는 것이다. 하지만 이와 같은 **뻔뻔함**은 그 자체로 내가 평생 잉여존재로 살아가야 한다는 것을 의미한다. 왜냐하면 내가 무관심 속에서 무시하는 타자가 없는 상황에서 나는 절대로 나의 존재 근거의 확보에 필요한 나의 객체화된 존재, 즉자화된 존재를 확보할 수가 없기 때문이다.

증오

사르트르는 내가 타자에 대해 취하는 제2의 태도를 중심으로 정립되는 관계로 이번에는 증오를 들고 있다. 그런데 이 증오의 관계는 제2태도를 중심으로 이루어지는 여러 관계들 중에서도 특별한 취급을 받고 있다. 왜냐하면 사르트르는 이 증오를 특별히 내가 타자에 대해 취하는 '제3의 태도'를 토대로 이루어지는 관계로 규정하고 있기 때문이다. 증오는 앞에서 살펴본 것과 같은 제1의 태도와 제2의 태도를 중심으로 나와 타자 사이에 정립되는 여러 구체적 관계들이 모두 실패로 돌아가고, 내가 타자와의 계속되는 갈등과 투쟁의 반복에서 벗어나지 못하는 절망적인 상황에서 급기야 타자를 살해하려는 기도(企圖)로 정의된다. 이를 통해 내가 원하는 것은 타자의 의식을 영원히 잠재워버림으로써 나와 그 타자 사이의 끝을 알 수 없는 갈등의 악순환에 종지부를 찍는 것이다.

자기를 역사화하면서 이러한 모든 다른 우여곡절을 경험 해온 한 대자는 자기가 이전에 겪은 노력들의 공허함을 충분히 의식함으로써 마침내 타자의 죽음을 추구하기로 결심할 수 있다. 이 자유로운 결심은 증오라고 명명된다.

그러나 타자의 살해를 통해 내 자신의 비밀을 방어하고 지키려는 증오 역시 실패로 귀결될 수밖에 없다는 것이 사르트르의 생각이다. 증오를 통해 내가 의도하는 바는 타자의 의식을 말살하려는 것이고, 그렇게 해서 나에 관한 비밀을 그 타자와 함께 영원히 잠재우려는 것이다. 그러나 이와 같은 시도에 성공해서 타자를 살해했다고 하더라도 내가 그 타자를 이 세계에 존재하지 않은 것으로는 할 수 없는 노릇이다. 더군다나 타자에게 한 번 존재하였던 나는 그 타자의 의식에 의해 영원히 '감염되어(contaminé)' 있다. 또한 나에 의해 살해된 타자는 생전에 그의 시선을 통해 보았던 나의 모습에 관계된 비밀의 열쇠를 무덤 속까지 가져간다. 그렇기 때문에, 내가 타자를 위해 존재했던 모습은 그 타자의 죽음에 의해서도 없어지지 않은 채 영원히 그대로 응고되어버린다. 내가 그 모습, 즉 타자가 죽기 전에 나에 대해 부여했던 나의 모습을 회복하려고 해도 이미 때가 늦게 된다. 왜냐하면 "죽은 자는 말이 없다"라는 말처럼 나에 의해 살해된 타자는 나의 과거의 모습에 대해 아무런 말도 해줄 수 없기 때문이다. 따라서 타자의 죽음이란 나의 죽음과 마찬가지로 그와 나 사이의 갈등관계에 대해 아무런 해결책이 될 수 없다.

한 번 타자에게 존재하였던 자는, 그 타자가 완전히 제거되었다고 하더라도, 자기의 여생 동안 자기의 존재에 의해 감염되어 있다. 그는 자기 존재의 하나의 끊임없는 가능성으로서 자기의 대타존재의 차원을 계속해서 파악할 것이다. 그는 타자에 의해 소유된 자기의 모습을 탈취하여 회수할 수 없다. 타자에 의해 소유된 자기의 모습에 대해 영향을 미치고, 그렇게 해서 그것을 자기에게 도움이 되는 것으로 바꾸고자 하는 희망까지도 그는 상실하게 되는 것이다. 왜냐하면 살해된 타자가 나에 대해 그 자신이 소유했던 모습의 열쇠를 무덤까지 가지고 가버렸기 때문이다. 내가 타자에게 존재했던 모습은 타자의 죽음에 의해 영원히 응고되어 있는 것이다.

이와 같은 사실은 증오 역시 궁극적으로는 실패이며, 그렇기 때문에 나는 영원히 타자와의 갈등과 투쟁의 악순환으로부터 벗어날 수 없다는 것을 보여준다. 이처럼 타자를 살해하려는 증오 역시 실패로 끝날 수밖에 없다는 데에 인간의 비극이 자리하는 것이다. 이제 사르트르의 말대로 증오가 실패로 끝나는 경우 대자존재의 자격으로 나는 또다시 타자와의 갈등이라는 순환의 원 속으로 다시 들어가는 일과 두 태도들의 한편에서 다른 한편으로 무한정 왕복을 계속하는 일밖에는 더 이상 아무것도 남아 있지 않게 된다.

이처럼 증오의 승리는 그것의 출현 자체에 있어서 실패로 바뀐다. 증오도 타자와의 갈등의 순환으로부터 벗어나는 것을 우리에게 허용해주지 않는다. 증오는 단순히 궁극적인 시도, 그리고 절망적인 시도를 보여주고 있을 뿐이다. 이 시도의 실패 후에 대자에게는 다시 이 순환 속으로 들어가는 일, 그리고 두 개의 기본적인 태도들의 한편으로부터 다른 한편으로 끝없이 왔다 갔다 하도록 내버려두는 일밖에는 더 이상 남아 있지 않게 된다.

따라서 타자가 있는 이 세계에 내가 출현한 사실 자체가 나의 '원죄(原罪)'를 대변하는 것이다.

원죄란 이처럼 이미 타자가 존재하는 세계에 내가 출현했다는 사실이다. 내가 타자와 어떤 관계를 맺든지 간에 그 관계들은 나의 죄의식이라는 이 원초적인 테마의 다양한 변주에 불과할 따름이다.

유희와 희극

유희 : 제4의 태도

　사르트르의 타자론에 의하면 나는 타자에 대해 내가 갖는 이중의 상반된 존재론적 지위를 따라 그 타자와의 관계에서 끊임없이 이어지는 갈등과 투쟁의 순환 속에 머물러 있어야 하는 비극적 상황에 처해 있다. 이러한 상황에서 이제 타자가 나와 나 자신을 연결해주는 필수불가결한 중개자라는 지위만을 이용하여[7] 그 타자 앞에서 내가 다음과 같은 태도를 취할 가능성은 항상 존재한다고 할 수 있겠다. 즉, 타자가 보는 대로의 나의 모습을 그대로 연기하려들고, 또 그 타자 앞에서 '포즈를 취하려(poser)'는 태도가 그것이다. 우리는 이와 같은 태도를 편의상 '유희'의 태도, 곧 '제4의 태도'로 규정하며, 이 태도를 중심으로 나와 타자 사이에 정립되는 구체적 관계를 '희극(comédie)'으로 규정한다.8) 실제로 이러한 유희의 태도를 바탕으로 한 희극은 우리의 일상생활에서도 자주 목격되는 관계라고 할 수 있다.

사실 사르트르는 『존재와 무』에서 이 유희의 태도와 이를 중심으로 이루어지는 희극에 대해서는 직접 거론하고 있지 않다. 그럼에도 불구하고 그는 이 저서에서는 물론이고 자신의 문학작품에 등장하는 여러 인물들을 통해서 유희의 태도와 이를 바탕으로 이루어지는 희극을 간헐적으로 보여주고 있다. 가령 『자유의 길』의 첫 번째 권인 『철들 무렵』의 중심인물인 마티외에 의하면 인간은 "아무것도 아니든가 아니면 현재 있는 그대로의 자신을 연기하든가" 해야 한다. 또한 인간은 자신의 신분이 무엇이든지 간에 모두 그 신분을 연기하고 있다는 것이 사르트르의 생각이기도 하다. 이와 같은 생각을 증명하기 위해 그가 들고 있는 예는 다양하다. 카페의 보이, 도둑, 암살자, 술집의 바텐더, 식료품 상인, 재단사, 경매인 등이 그것이다. 이들 모두는 각자 타자가 보는 것과 같은 자신의 신분과 직업을 충실히 연기하고 있다는 것이다. 사르트르가 들고 있는 이러한 예들 가운데 백미는 역시 선생님의 말씀을 주의 깊게 들으려고 하다가 결국 아무것도 듣지 못하는 학생과 칵테일을 만들고 있는 바텐더의 예이다.

눈으로는 못을 박은 듯이 선생님을 주목하고 두 귀를 바짝 기울이면서 주의를 집중시키려는 주의 깊은 학생이 결국은 아무 말도 들을 수 없게 될 지경에 이르도록 주의 깊은 학생을 연기하는 데 전력을 다하는 것이다.

방금 그는 낮에 피는 리즈롱꽃처럼 멍하고 시적인 모양으로 권련을 한 대 피우고 있었다. 이제 그는 깨어났다. 그는 약간 지나친 바텐더였다. 칵테일 셰이커를 흔들고, 뚜껑을 열고, 유리잔에 노란 거품을 흘려보내고 있었다. 약간 지나치게 정확한 몸짓으로 그는 바텐더 놀이를 하고 있었다.

그러나 사르트르는 인간의 신분과 직업의 연기만을 지적하는 것으로 그치지 않는다. 그는 더 나아가 인간의 얼굴 표정 하나하나까지 유희를 반영하고 있다고 본다. 그리고 급기야는 즉자존재인 사물까지도 사물이 되는 연기를 한다고 생각한다. 이와 같은 사르트르의 생각을 우리는 「어느 지도자의 유년 시절」의 중심인물인 뤼시앵의 어린 시절을 통해서 잘 살펴볼 수 있다. 프로이트(S. Freud)가 말하는 이른바 '원초적 장면' – 어린아이가 실제로 보았거나 공상하는 부모의 성행위 장면 – 을 계기로 뤼시앵은 아버지와 어머니가 연극을 꾸미고 있다고 생각하기에 이른다. 물론 그는 그때까지만 하더라도 연극이 무엇을 의미하는지를 정확하게 알고 있는 것은 아니다. 이처럼 그에게 분명하게 드러나지 않았던 연극의 의미는 어렴풋하게 나마 크리스마스이브에 밝혀진다. 그는 한밤중에 갑자기 깨어나 부모님들이 장난감을 굴뚝에 넣는 장면을 목격하게 된다. 그러나 다음 날 부모님들은 태연하게 산타클로스 할아버지 이야기를 한다. 그때서야 비로소 뤼시앵은 부모님들이 자신들의 역할을 수행하고 있다고 생각하게 되며, 그도 그 이야기를 믿는 척하는 연극을 꾸미는 것이다.

> 뤼시앵은 크리스마스이브에 갑자기 잠이 깨어 부모가 굴뚝 속에 장난감을 넣는 것을 보았지만 별로 놀라지 않았다. 다음 날 그들은 산타클로스 할아버지 이야기를 들려주었다. 뤼시앵은 믿는 체했다. 연극을 꾸미고 있는 것이라고 생각했다.

이와 같은 경험의 여파는 크다. 그 이후 뤼시앵의 생활은 희극의 연속이 된다. 가령 그는 고아 놀이를 한다. 그러면서 그는 예전에 책에서 보았던 고아의 행동을 그대로 흉내내고 있다.

> 병이 낫자 그는 고아 놀이를 하는 버릇이 생겼다. 잔디밭 한복판, 마로니에 아래 앉아 두 손에 흙을 잔뜩 쥐고 생각했다. '나는 고아다. 이름은 루이. 엿새째 아무것도 먹지 못했다.' 하녀 제르멘이 점심을 먹으라고 불렀다. 식탁에서도 고아 놀이를 계속했지만 아버지나 어머니는 아무것도 눈치 채

지 못했다. 소매치기로 만들려는 도둑놈들에게 붙잡혀 온 것일지도 모른다. 그렇다면 식사가 끝나면 도망쳐 나가 고소할 것이다. 그는 얼마 먹지도 마시지도 않았다. 『천사보호 주막』이란 책에서 굶주린 사람의 첫 식사는 가벼워야 한다는 것을 읽은 적이 있다

그리고 나서 뤼시앵은 모든 사람들이 다 연극을 하고 있다는 생각을 굳히게 된다. 아버지는 아버지가 되는 연극을, 어머니는 어머니가 되는 연극을 하고 있다는 것이다.

모두가 다 연극을 하고 있으니 재미나는 일이었다. 아버지와 어머니는 아버지 연극, 어머니 연극을 각각 꾸미고 있다. 어머니는 이 애가 먹지 않는다고 근심하는 연극을 꾸민다. 아버지는 신문을 읽다가 이따금 뤼시앵의 얼굴 앞에서 손가락을 저으면서 '그래, 그래, 착한 애지!'라고 말하는 연극을, 뤼시앵도 또한 연극을 하고 있었다. 하지만 늘 무슨 연극을 하는지를 잘 몰랐다.

그러다가 뤼시앵은 문득 식탁에 있는 물병까지도 물병이 되는 희극을 하고 있다는 결론을 내리고 있다.

그는 물병을 바라보았다. 물속에서 작은 붉은빛이 춤을 추고 있었다. 손가락에 짧은 털이 난 아버지의 손이 물병 속

에서 크게 번쩍인다고 장담할 수 있었다. 뤼시앵은 갑자기 물병도 또한 물병이 되는 놀이를 하고 있다고 느꼈다.

이와 같은 실정이라면 결국 이 세계에 존재하는 모든 것은 예외 없이 온통 희극에서 벗어나지 못하는 것이 아닌가. 그러니까 유희하는 태도와 이를 바탕으로 한 희극은 모든 존재의 필연적이면서도 동시에 보편적인 특징인 것으로 보인다. 그럼에도 사물보다는 역시 인간이 다른 인간 앞에서 취하게 되는 유희의 태도와 이를 바탕으로 그들 사이에 맺어지는 희극이 더 본질적인 것으로 여겨진다.

거울 놀이

사르트르에 의하면 사유는 반드시 사유에 의해서만, 그리고 의식은 반드시 의식에 의해서만 제한될 수 있을 뿐이다. 그렇기 때문에 타자는 위에서 본 대로 나의 의식을 제한하는 자로서, 나의 한계를 구성하고 있는 자로 나타난다. 이때 한계란 결국 그의 시선에 의해 객체화되고 즉자화된 나의 모습을 내가 알 수 없다는 의미인 것이다. 우리는 흔히 다른 사람의 마음을 알 수 없다는 의미로 "열 길 물속은 알아도 한 길 사람 속은 모른다"는 말을 한다. 이처럼 나의 모습이 타자에 의해 어떠한 모습으로 그려지는가에 대해서 나는 오로지 타자가 나에게 부과하는 한계만을 인정하고 받아들일 뿐이다. 따라서 타자의 시선 위에 그려지는 나의 모습에 연연하면서 이를 알아보려고 하는 것은 당연한 것으로 보인다. 다만 여기서 문제가 되는 것은 그러한 행동들이 지나쳐 우스꽝스러운 효과를 낳는 경우이다.

나는 우선 타자가 나에게 부여하는 이미지를 조금이라도 느껴보기 위해 마치 타자가 나를 바라보는 것처럼 거울을 통해서 자신의 모습을 바라보는 거울 놀이를 펼쳐 보일 수 있다. 실제로 사르트르의 문학작품에서 거울은 중요한 주제이기도 하다. 가령 『닫힌 방』의 한 등장인물인 에스텔(Estelle)은 한때 거울 궁전에서 살았다. 그녀는 그녀의 방 안에 여섯 개의 커다란 거울을 걸어놓고 자기가 말할 때 마치 다른 사람이 보고 있는 것처럼 행동하곤 했다.

에스텔 : 말할 때 나는 여섯 개 거울 가운데 한 개를 내 모습을 비추어 볼 수 있도록 맞추어놓았지요. 나는 말을 하고, 이러한 나의 모습을 마치 다른 사람들이 보는 듯이 보곤 했지요. 이렇게 하면 정신이 번쩍 들게 돼요.

이처럼 거울 궁전에 살았던 에스텔과 비슷한 행동을 우리는 「어느 지도자의 유년 시절」의 중심인물인 뤼시앵의 행동을 통해서도 볼 수 있다. 그는 어느 날 학교 화장실에서 낙서 ─ '뤼시앵 플뢰리에는 키다리 아스파라거스' ─ 를 보고 온 후 몹시 초조해하며 집에 와서 종이에 '키다리 아스파라거스'라고 써본다. 이러한 그의 행동은 마치 그의 전신을 거울에 비추어 보는 것과 같은 의미가 있는 것으로 보인다. 그러나 이러한 행동을 통해서 그는 아무런 효과도 얻지 못한다. 왜냐하면 종이에 쓴 그 단어들이 그에게 너무나 친숙하게 보이기 때문이다. 그래서 그는 하녀인 제르멘에게 같은 내용의 문장을 써달라고 간청한다. 그리고 나서 그녀가 이 문장을 쓰는 동안 일부러 보지 않고 있다가 그는 그 종이를 자기 방으로 가지고 가, 마치 그녀가 '키다리 아스파라거스'라고 속삭이는 듯한 착각에 빠진다. 그제서야 그는 비로소 자기가 정말로 키가 크다는 사실을 확인하고 있다.

> 그는 제르멘, 제르멘, 하고 불렀다.……제르멘, 이 종이 위에 이렇게 써줘. 뤼시앵 플뢰리에는 키다리 아스파라거스다, 라고. ……그녀가 쓰고 있는 동안 그는 그녀를 보지 않았다. 그러나 곧바로 그는 이 종이를 자기 방으로 가져가 오랫동안 바라보았다. 제르멘의 필체는 뾰쪽했다. 뤼시앵은 메마른 목소리로 그의 귀에 이렇게 속삭이는 것을 듣는 듯했다. '키다리 아스파라거스.' 나는 키다리군, 하고 그는 생각했다.

타자에 의해 그려지는 자신의 이미지를 알려고 애쓰는 뤼시앵의 행동에서 우리가 특히 주목하는 것은 제르멘이 종이에 그가 부탁한 문장을 쓰고 있는 동안 그녀를 보지 않는 뤼시앵의 우스꽝스러운 행동이다. 이러한 행동은 분명 위에서 우리가 규정한 유희의 태도를 중심으로 나와 타자 사이에 맺어지는 희극의 좋은 예에 해당하는 것으로 보인다.

그 이후에도 뤼시앵은 거울을 들여다보면서 자신의 모습을 직접 확인해보고 있다. 그러나 그는 거울을 통해서 자기가 정말로 키가 큰지 그렇지 않은지를 결정할 수가 없다. 왜냐하면 거울을 통해 자신을 대상화하는 것과 타자가 직접 보는 것과는 그 의미가 완전히 다르기 때문이다. 그러니까 거울은 타자의 시선과는 달리 나를 객체화시키는 힘을 가지고 있지 않다. 거울은 그저 거기에 비친 대상의 모습을 반사시킬 따름이다. 따라서 뤼시앵이 아무리 거울을 들여다보았자 아무런 소용이 없는 것이다. 어쨌든 위와 같은 뤼시앵의 행동은 타자의 시선에 의해 그려지는 이미지가 어떤 것인가를 알기 위해 인간이 종종 거울에 의지한다는 사실을 잘 보여준다. 또한 그것이 지나치게 되면 거울 앞에서 벌이는 희극으로 발전할 수도 있다.

타자로부터 좋은 이미지를 받기 위한 희극

하지만 사르트르의 존재론에서 늘 문제가 되는 것은 타자란 나에게 근본적으로 협력하기를 거부하는 자라는 점이다. 한마디로 타자는 까다로운 존재이다. 그래서 이번에는 타자로부터 좋은 이미지를 부여받기 위해 내가 그 앞에서 연기하는 태도를 보일 가능성은 늘 존재한다고 하겠다. 그리고 다행스

럽게 타자가 나에게 좋은 이미지를 부여해준다면 ─ 물론 나는 그 이미지가 좋은 것인지 그렇지 않은지를 알 수 없다 ─ 내가 그 이미지를 수락하고 그것을 계속해서 지키려고 하는 태도를 견지할 수 있는 가능성 역시 항상 존재하는 것으로 보인다. 이 경우는 특히 타자에 비해 자신들의 존재론적 힘이 약한 자들에게서 주로 발견된다. 왜냐하면 자신들의 존재를 정당화시키기 위해서는 존재론적 힘이 강한 자들에게 의지할 수밖에 없기 때문이다. 어른들을 대하는 어린아이들의 경우가 그 대표적인 경우이다.

사르트르는 그의 자전적 소설인 『말』에서 자신의 어린 시절이 유희의 태도와 이를 바탕으로 한 희극의 연속이었다는 점을 통렬히 고발하고 있다. 아버지를 일찍 여의고 외할아버지 집에서 살게 된 그는 집안 어른들 앞에서 갖은 연극을 다 펼치고 있다. 한마디로 착한 아이가 되는 연극을 하는 것이다. 어른들이 자기에게 해주는 여러 행동, 예를 들어 구두를 신겨주고, 코에 약을 넣어주고, 옷에 솔질을 해주고, 몸을 씻겨주고, 옷을 입혀주고, 옷을 벗겨주고, 머리를 쓰다듬어주는 것과 같은 모든 행동에 대해 얌전하게 구는 것이다. 아니 차라리 얌전하게 구는 어린아이의 놀이를 하는 것이다. 이와 같은 연기는 어린 사르트르가 어머니와 외할머니와 같이 미사에 참여했을 때와 같은 공공장소에서도 이루어진다.

일요일이면 외할머니와 어머니는 좋은 음악이나 유명한

오르간 연주자의 연주를 들으러 미사에 간다. 토카타[9]가 연주되는 동안만 신(神)을 믿는 것이다. 나는 이와 같은 숭고한 정신이 깃드는 순간에야말로 흥이 나는 것이다. 모두들 자고 있는 것 같다. 그러니 나의 묘기를 부려볼 기회가 온 것이다. 나는 기도대에 무릎을 꿇고 동상처럼 되어버린다. 발가락 하나도 움직여서는 안 된다. 나는 뺨 위로 눈물이 흘러내릴 때까지 깜빡도 하지 않고 앞을 똑바로 쳐다본다. 물론 다리가 저려서 죽겠지만 끝끝내 참는다. 그러나 이겨낼 자신이 있다. 제 힘이 얼마나 강한가를 알고 있으니까, 가장 못된 유혹을 스스로 서슴지 않고 만들어내서 그 유혹을 물리쳤다는 기쁨을 가져보려고 한다. '땅! 땅!' 하고 소리치면서 일어나버릴까? 원주 위를 기어올라 성수반에 오줌을 갈길까? 이러한 끔찍한 유혹을 물리쳤으니 조금 후에 어머니의 칭찬을 더욱 의기양양하게 받을 수가 있으리라. 그러나 나는 거짓말을 하고 있었던 것이다.

사르트르의 『말』은 자신의 어린 시절이 이와 같은 연기의 연속이었다는 점을 이 작품 전체에 걸쳐 누누이 강조하고 있다. 그리고 그 스스로 다른 사람들의 '마음에 든다(plaire)'는 것, 그들을 기쁘게 해주는 것을 하나의 의무로 정해놓고 그 의무를 충실하게 수행했던 한 마리의 '유망한 개'였음을 고백하고 있다. 그렇다면 그는 왜 이와 같은 연극을 계속해서 해야 했을까? 그 이유는 단 하나이다. 어린 사르트르가 자기 존재를 스스로 정당화시킬 수 있을 수 있는 존재론적 힘을 충분히 가지고 있지 못했기 때문이다. 다시 말해 그는 어른들에게 의지하는 것 이외에 다른 방도가 없었던 것이다.

타자에 의해 그려지는 이미지의 수용과 거부

어린 사르트르의 경우는 그래도 비교적 사정이 나은 편이다. 왜냐하면 주위의 어른들이 그에 대해 아주 나쁘지 않은 이미지를 부여해주었기 때문이다. 그런데 이와는 달리 주위의 어른들로부터 자기 자신에 대한 달갑지 않은 이미지를 부여받고 있음에도 어쩔 수 없이 그 이미지를 수용해야만 하는 경우도 있다. 더 나아가 그 이미지를 직접 연기해야 하는 상황에 처해 있는 어린아이들도 있다. 예컨대 「어느 지도자의 유년시절」의 중심인물인 뤼시앵의 경우가 거기에 해당한다.

뤼시앵은 사내아이이다. 그렇지만 주위의 어른들로부터 계속해서 계집아이 취급을 받고 있다. 그리고 어른들이 그의 계집아이 같은 행동을 귀엽게 보아주고 있는 터라 그는 자신이 사내아이라는 것에도 자신이 없다. 그는 이처럼 자신의 성적 정체성에서조차 혼란을 느끼고 있는 것이다.

사실 그는 자기가 여자아이가 아니라는 확신을 잃고 있었다. 많은 사람들이 아가씨라고 부르면서 그를 안아주었고, 누구나가 다 그의 비단 날개와 푸른 치마, 드러난 앙증맞은

팔, 금발머리를 귀엽다고 생각했다. 그는 사람들이 갑자기 그 자신이 사내아이가 아니라고 단정할까봐 겁이 났다.

뤼시앵은 또한 어른들이 자기에게 부여한 이미지에 대해 때로는 못마땅하게 생각하지만 급기야는 스스로 계집아이 같은 행동을 해 보이며 편안한 느낌을 받고 있기까지 하다.

모두들 그에게 귀여운 아가씨, 라고 말하리라. 어쩌면 내가 여자아이일지도 몰라. 그는 마음이 사뭇 누그러지는 것을 느끼자 조금 메스꺼울 정도였다. 게다가 입술에서 나오는 목소리도 가늘게 울리고, 모든 사람에게 꽃을 갖다 바치는 자세도 아양스러웠다.

뤼시앵의 이와 같은 행동은 그대로 어른들 앞에서 펼치는 한 어린아이의 연기 그 자체라고 할 수 있겠다.

뤼시앵은 또한 주위의 어른들 가운데 한 명인 베스 부인(Mme. Besse)이 그를 인형으로 보아주는 것이 기쁘다. 여느 때 같으면 자기에게 인형과도 같은 객체성을 부여해주고 있는 그녀를 상대로 시선 투쟁을 해야 하지만 지금은 사정이 다르다. 왜냐하면 그녀로부터 인형 취급을 받는 것이 무관심한 태도의 희생물이 되는 것보다 훨씬 더 낫기 때문이다. 그래서 그녀가 그를 껴안고 "내 인형은 말을 할 수 있을까?"라고 묻자, 그는 자신의 이미지를 고수하기 위해 그에 걸맞은 연기를 펼쳐 보인다.

베스 부인은 때로 '내 인형은 말을 할 수 있을까?'라고 말하면서 갑자기 그의 배를 눌렀다. 그러자 뤼시앵은 기계 인형인 듯 흉내를 내며 '쿡' 하고 목멘 소리를 냈다. 그리고 둘이 함께 웃어댔다.

그러나 항상 예견 가능한 일이지만, 타자는 나에게 바람직한 이미지만을 제공해주지 않는다. 그렇기 때문에 어린아이들의 경우 그들보다 상대적으로 존재론적 힘이 더 강한 어른들, 그리고 날이 갈수록 점점 더 까다로워지는 그들 앞에서 계속해서 연기를 해야만 하는 것이다. 『말』을 통해 살펴보았던 어린 사르트르의 경우가 그 대표적인 경우라고 할 수 있겠다. 하지만 어린아이가 성장해서 주위 어른들을 포함한 다른 사람들과 존재론적 힘이 엇비슷하게 되어 그들과 더불어 시선의 투쟁을 감행할 수 있을 때에는 사정이 달라질 수도 있다. 즉, 그는 지금까지와는 달리 그들이 자기에게 부여한 이미지가 정말로 좋지 않은 것이라면 그것을 거부하려고 할 수도 있는 것이다.

「어느 지도자의 유년 시절」의 뤼시앵이 그 대표적인 경우이다. 그는 청소년기를 통과하는 과정에서 한순간 베르제르(Bergère)라는 인물과 동성애 관계를 맺고 만다. 그는 이 행동으로 인해 자신의 미래에 어두운 그림자가 드리워질 수도 있다는 사실을 상상하고 동성애자라는 딱지를 떨치기 위해 희극을 펼치고 있다. 우선 동성애자들은 보통 사람들과는 다르게

'제6의 감각'을 지니고 있어 자신들과 같은 성적 성향을 가지고 있는 사람들을 찾아내는 데 남다른 특징을 발휘한다는 사실을 떠올린다. 그리고 나서 그는 길거리에서 교통정리를 하는 순경을 대상으로 실험하는 연극을 펼쳐 보이고 있다.

하지만 그들은 그들과 같은 부류의 사람들을 찾아내는 데 귀신같다고 하지 않는가. 마치 제6의 감각을 가지고 있는 것 같다는 것이다. 뤼시앵은 예나 교(橋) 앞에서 교통정리를 하고 있는 순경을 물끄러미 쳐다보았다. '저 순경이 나를 흥분시킬 수 있을까?' 그는 순경의 파란 바지에 시선을 고정시켰고, 탄탄하며 털이 많이 나 있을 허벅지를 상상해 보았다. '그래, 내게 뭐 느껴지는 것이 있나?' 그는 안심하고 다시 가던 길을 갔다. 그는 이렇게 생각했던 것이다. '별로 심각하지는 않아. 아직도 벗어날 수 있어. 그가 나의 착란을 악용했던 것뿐이야. 나는 진짜 동성애자는 아니야.'

이처럼 뤼시앵은 교통순경을 대상으로 한 실험을 통해 자신이 동성애자가 아니라는 결론에 이른다. 그러나 뤼시앵은 지나가는 모든 행인들을 대상으로 같은 실험을 계속하고 나서야 비로소 안심을 하게 된다.

그는 스쳐가는 모든 사람에게 같은 실험을 해보았다. 결과는 매번 부정적이었다. ……뤼시앵은 마침내 그 거대한 짐으로부터 벗어나게 되었다.

이렇게 해서 뤼시앵은 스스로 베르제르라는 인물이 그에게
부여한 동성애자라고 하는 이미지, 즉 베르제르의 시선에 의
해 객체화되고 즉자화된 모습— 이 모습이 바로 위의 인용문
에서 뤼시앵이 지적하고 있는 '거대한 짐'이다— 으로부터 벗
어나게 되는 것이다.10) 어쨌든 여기서 한 가지 분명하게 지적
할 수 있는 것은 뤼시앵이 타자로부터 자기에게 오는 달갑지
않은 동성애자라고 하는 이미지를 거부하고 있으며, 그와 같
은 거부가 거의 연극적인 태도를 통해 이루어지고 있다는 점
이다.

하나의 가능성

  지금까지 우리는 『존재와 무』의 제3부에서 사르트르가 집중적으로 논의하고 있는 대타존재 부분을 살펴보았다. 그는 이 대타존재의 문제를 크게 다음과 같은 두 가지로 요약하고 있다. 대타존재의 당사자인 타자란 도대체 누구인가라는 물음과 관련된 타자의 존재 문제와 나와 타자와의 관계 문제가 그 것이다. 이 두 가지 문제에 대하여 사르트르는 먼저 시선의 개념을 이용하여 타자란 나를 바라보는 자라는 정의를 내리고 있다.

  그런데 타자의 존재 문제를 해결해주는 핵심적인 개념으로 사용된 이 시선이라는 개념은 단지 바라보는 행위만을 의미하지 않는다. 사르트르에게서 시선은 그 시선의 끝에 와 닿는 모든 것을 객체화시켜버리는 무서운 힘으로 규정되고 있다. 따라서 그 시선의 주체인 타자는 나에게 객체성을 부여하는 존재로 등장한다. 하지만 나는 그 어떤 상황에서도 나의 주체성을 포기할 수가 없다. 내가 주체성을 포기한다는 것은 내가 나의 의식, 자유, 초월 등을 벗어던지고 사물과 같은 즉자존재가 된다는 것을 의미한다. 따라서 나와 타자는 주체성을 내건 시선 투쟁을 시작하게 된다. 이 점이 바로 사르트르의 존재론에서 나와 타자와의 관계가 근본적으로 갈등으로 점철될 수밖에 없는 이유이다. 이러한 의미에서 타자가 나에 대해 가지는 일차적인 존재론적 지위는 나의 지옥으로서의 타자이다.

그러나 나를 바라봄으로써 나에게서 주체성을 앗아가면서 나에게 객체성을 부여하는 타자는 위와는 정반대되는 또 다른 존재론적 지위를 가지고 있다. 이 지위가 바로 나와 나 자신을 연결해주는 필수불가결한 매개자로서의 타자의 지위이다. 타자가 나를 바라봄으로써 나를 객체화시키는 것은 나에게 있어서는 이중의 의미를 담고 있다. 하나는 방금 지적했듯이 나에게서 주체성을 앗아감으로써 나를 객체로 떨어뜨리는 것이다. 이때의 타자는 나의 시선의 투쟁의 대상이 된다. 그러나 다른 한편으로 타자는 자신의 시선을 통해 나를 객체화시키고 즉자화시킴으로써 나에게 나의 존재 근거를 마련해준다. 즉, 이유를 알 수 없이 이 세계에 출현한 나의 존재를 정당화시켜주는 것이다. 타자는 나의 존재 비밀을 알고 있다. 그러니까 타자는 내가 누구라는 것을 나에게 가르쳐줄 수 있는 존재인 것이다.

나에게 있어서 타자는 이처럼 이중의 상반된 존재론적 지위를 가지고 있는 존재이기 때문에 나는 그에 대해 이중의 상반된 태도를 취하게 된다. 하나는 그의 시선, 그의 자유, 그의 초월에 의해 그려지는 나의 모습을 내 것으로 하기 위해, 내가 바라보는-시선, 자유, 초월 등의 특성을 간직하고 있는 그를 있는 그대로 내 안으로 흡수하려고 하는 것이다. 다른 하나는 타자란 나를 객체화시키는 존재이기 때문에 이번에는 무조건 내가 타자를 바라보아 그를 객체화시키려는 것이다. 사르트르는 이 두 태도를 각각 내가 타자에 대해 취하는 제1의 태도, 제2의 태도로 규정하고 있다.

　또한 이 두 태도는 각각 내가 타자와 맺는 구체적인 관계들의 기초로 소용된다. 사르트르는 제1의 태도를 중심으로 맺어지는 관계로는 사랑, 언어, 마조히즘을, 제2의 태도를 중심으로 정립되는 관계로는 사디즘, 성적 욕망, 무관심, 증오 등을 들고 있다. 이 관계들 가운데 특히 증오는 제3의 태도로 별도로 규정되고 있다. 여기에 덧붙여 우리는 내가 타자 앞에서 취하는 유희의 태도를 제4의 태도로 규정하고, 이 태도에 입각해서 내가 타자 앞에서 벌이는 희극을 사르트르의 문학작품에 나오는 여러 인물들의 행동을 통해 살펴보았다.

　개략적으로 이와 같은 외포와 내연을 가지고 있는 사르트르의 타자론은 비극적인 것으로 이해된다. "타자는 나의 지옥이다"라는 단 한 문장으로 요약될 수 있는 나와 타자 사이의 시선을 통한 갈등과 투쟁이 사르트르의 타자론을 비극적인 색

조로 물들이는 근본적인 요소이다. 그러니까 갈등과 투쟁이 나와 타자 사이의 존재론적 필연성, 즉 내가 피할래야 피할 수 없는 사실상의 필연성인 것이다. 특히 인간과 인간 사이에서 가장 고귀한 가치로 여겨지는 사랑조차도 사르트르의 존재론에서는 비극적인 결론에 이를 수밖에 없는 것으로 이해된다. 그러나 이와 같은 비극적인 상황에도 한 가닥 희망이 자리하고 있다는 것이 우리의 생각이다. 그것은 다름 아닌 언어라는 관계 때문이다. 우리는 사르트르에 의해 나와 타자 사이에 맺어지는 구체적 관계들 가운데 하나로 제시되고 있는 언어를 설명하면서 이 언어관계에는 성공과 실패가 교차할 수 있다는 점, 즉 언어는 유예 상태에 있다는 점을 지적하였다. 나와 타자가 맺는 모든 관계가 실패로 귀착될 수밖에 없는 비극적인 상황에서 성공할 수 있는 관계가 하나라도 존재한다는 것은 그 자체로 희망이 아니겠는가. 바로 이 사실에 대한 지적이 이 조그마한 책을 쓰게 된 궁극적인 의도와 맞닿아 있다고 해도 무방할 것이다. 물론 앞으로의 과제는 이 희망이 구체적으로 어떻게 구현될 수 있는가, 또 그 과정에서 어떤 좌절을 맛보게 되는가에 관한 규명일 것이다.

하지만 우리는 사르트르의 전체 체계에서 이 작은 희망의 불씨를 지폈다고 하는 것에 만족하고 있을 수만은 없다. 왜냐하면 사르트르의 타자론을 다루는 과정에서조차도 우리는 중요한 많은 요소들을 간과하였기 때문이다. 그 가운데 대표적인 것이 바로 사르트르의 신체론이다. 타자론과 더불어 어쩌면 사르트르의 현대성을 강력하게 부각시킬 수 있는 부분이 바로 이 신체론이 아닌가 한다. 앞에서 신체의 문제를 짧게 언급했지만, 이 신체의 문제를 본격적으로 다루기 위해서는 훨씬 더 많은 노력과 지면이 필요할 것이다. 여기에 덧붙여 또 한 가지 지적해야만 할 사항은 사르트르의 후기 사상을 집대성한 『변증법적 이성비판』에서 다루어지고 있는 타자론에 대해서는 아무런 언급도 하지 못했다는 점이다. 『존재와 무』에서 다루어지고 있는 인간은 사회, 역사적인 차원과는 아무런 연관이 없는 존재이다. 그러나 인간은 실제로 물질적인 존재이기도 하며, 역사의 수레바퀴를 돌리는 존재이기도 하고, 집단을 구성하는 사회적 존재이기도 하다. 이와 같은 존재로서의 나와 타자는 과연 어떤 관계를 맺게 되는가. 사르트르의 타자론을 보다 충실하게 이해하기 위해서는 이 문제도 반드시 살펴보아야 할 것이다. 또한 사르트르의 타자론이 다른 철학자들의 그것, 가령 라캉, 레비나스, 들뢰즈 등의 타자론과 어떤 관련이 있는가, 그리고 사르트르의 신체론은 메를로퐁티, 푸코 등의 신체에 관한 논의 등과 어떤 관계에 있는가의 문제도 중요한 관심사 중의 하나이다. 이상의 세 가지 점은 그대로 이 책의 한계이기도 하고 동시에 우리가 앞으로 해결해야 할 과제이기도 하다.

주

1) 서동욱, 『차이와 타자 : 현대철학과 비표상적 사유의 모험』 (문학과지성사, 2000), p.162. (이 저서의 제4장 '사르트르의 타자 이론 : 레비나스와의 비교' 부분은 국내에서 시도된 사르트르 타자론에 관한 보기 드문 논의로 보인다. 저자는 특히 사르트르의 타자론과 레비나스의 그것을 수평적으로 비교하면서 레비나스가 어느 정도까지 사르트르에게 '빚'을 지고 있는가 하는 점을 밝히고 있다.)

2) 즉자존재라는 용어로 번역되는 'l'être-en-soi'와 대자존재라는 용어로 번역되는 'l'être-pour-soi'라는 사르트르의 용어 사용에서 주목해야 할 점은 이 두 용어에 공통으로 포함되어 있는 '자기'라는 의미의 'soi'가 결국 이들 두 존재의 존재 근거 (fondement d'être)에 해당한다는 점이다. 따라서 즉자존재는 그 존재 근거를 그 자체 안에 포함하고 있는 것으로 여겨지며 — 'l'être-en-soi'에 포함된 'en'은 전치사로서 여러 의미 중 '~ 안에'라는 의미를 가지고 있다 —, 대자존재는 그 존재 근거를 향해 있지만 — 'l'être-pour-soi'에서 사용된 'pour'는 전치사로서 여러 의미 중 '~을(를) 향해'라는 의미를 가지고 있다 — 결코 그 존재 근거를 자기 것으로 만들지 못한다.

3) 시선은 사르트르의 문학작품에서 아주 중요한 주제가 되고 있다. 예를 들어 미국의 한 연구가는 사르트르의 문학작품에서 시선과 이와 유사한 표현들이 약 2,000여 회 정도 사용되고 있다는 통계를 제시하고 있다.

4) 이 책의 서두에서도 지적했던 것처럼 해체주의, 포스트모더니즘 등의 담론에서 그 중요성을 인정받고 있는 타자에 관한 논의뿐만 아니라 신체에 관한 논의 — 특히 푸코(M. Foucault)의 그것 — 에서도 사르트르의 사유는 많은 시사점을 던져줄 수 있다는 것이 우리의 생각이다. 특히 신체의 문제와 관련해서는 메를로퐁티(M. Merleau-Ponty)의 『지각현상학』에서 다루어지고 있는 신체론에 비해 『존재와 무』에서 다루어지고 있는 사르트르의 신체론이 갖는 중요성이 상대적으로 떨어지는 것처럼 논의되고 있다. 그러나 이 두 신체론 사이에

는 실제로 많은 유사점이 있는 것으로 보인다. 앞으로 우리는 이 두 신체론을 비교할 수 있는 기회를 갖기 위해 노력할 것이다. 여기서는 국내에 소개된 책 가운데 이들의 신체론과 더불어 마르셀(G. Marcel)의 신체론에 대해 심도 있는 논의를 하고 있는 저서 한 권을 소개하는 것으로 그치고자 한다. 자너(R.M. Zaner)가 쓴 『신체의 현상학 : 실존에 바탕을 둔 현상학』(최경호 옮김, 인간사랑, 1993)이다. 어쨌든 여기서 '육체'라는 단어는 사르트르의 신체론에서 의식과 동의어인 신체와는 달리 타자의 시선이나 폭력에 의해 객체화된 신체를 지칭하는 것이다.

5) 여기서 문제시되고 있는 두 가지 태도를 사르트르가 '제1의 태도' '제2의 태도'라고 부른다고 해서 이러한 명칭이 이들 두 태도 사이에 반드시 선후관계가 있다는 것을 의미하지 않는다는 점을 지적하자. 사르트르는 이들 두 태도를 중심으로 이루어지는 각각의 관계들 가운데 어떤 것이 먼저 발생하고 또 나중에 발생하는지를 결정할 수 없다고 보고 있다. 다만 어떤 한 태도를 중심으로 어떤 구체적인 관계가 정립되면 그로부터 다른 태도와 다른 구체적인 관계들이 정립된다는 것이 그의 생각이다.

6) 바로 이 문제가 『문학이란 무엇인가』에서 전개되고 있는 이른바 사르트르의 참여문학론과 밀접하게 관련되어 있다는 것이 우리의 판단이다. 지나가는 길에 간단히 언급하자면 이 저서에서 깊이 있게 다루어지고 있는 작가와 독자 사이의 자유와 그 자유에 대한 상호적 인정을 토대로 한 변증법적 관계가 여기서 설명된 언어를 통해 맺어지는 나와 타자 사이의 관계가 성공한 경우에 해당하는 것으로 보인다.

7) 『자유의 길』의 두 번째 권인 『유예』에서 다니엘은 친구 마티외(Mathieu)에게 보내는 편지에서 데카르트(R. Descartes)의 "나는 생각한다 그러므로 나는 존재한다(Je pense donc je suis)"를 패러디하여 "누군가가 나를 본다 그러므로 나는 존재한다(On me voit donc je suis)"로 변형시키고 있기도 하다. 여기서 내가 나의 존재 근거를 얻기 위해 타자가 나와 나 자신을 연결해주는 필수불가결한 매개자라는 지위만을 이용하는 것은 바로 다니엘이 내세운 명제만을 실천에 옮기는 것이라고 할 수

있겠다.

8) 타자가 바라보는 대로의, 생각하는 대로의 나의 모습을 연기하려드는 유희의 태도를 바탕으로 이루어지는 희극의 관계는 타자의 주체성, 초월, 자유를 인정한다는 면에서는 마조히즘의 관계와 유사할 수도 있다. 그러나 이들 두 관계는 유희의 태도와 연기하는 태도에서 드러나는 나의 행동의 지나침, 어설픔 등으로 인해 발생하는 희극적인 양상으로 인해 서로 구별된다고 하겠다.

9) 연주자의 기교를 보이는 즉흥조의 전주곡이다.

10) 물론 뤼시앵은 베르제르라는 인물이 그 자신에 대해 어떤 이미지를 가지고 있는지를 알지 못한다는 사실을 지적해야 할 것이다. 또한 뤼시앵이 다른 사람들을 통해 자기가 동성애자라는 이미지로부터 벗어나는 데 성공했다 할지라도, 그 자신의 이미지와 관련하여 제일 중요하다고 할 수 있는 베르제르가 그에게 부여했던 이미지 - 만약 베르제르가 그에게 실제로 동성애자라는 이미지를 부여했다면, 그리고 이 동성애자라는 이미지가 그의 입장에서 달갑지 않은 것이라면 - 로부터는 벗어나지 못한 상태에 있는 것이다. 이 점과 관련하여 사르트르는 「어느 지도자의 유년 시절」에서 뤼시앵은 자신의 존재에 관한 비밀을 알고 있는 베르제르를 죽이고 싶어하는 - 이것은 증오에 다름 아니다 - 마음을 먹는 상황과 최종적으로 베르제르가 죽었다는 소문을 듣고서야 뤼시앵이 안심하게 된다는 상황을 설정하고 있다. 그럼에도 타자를 살해하려는 기도와 같은 것으로 여겨지는 증오 역시 실패로 돌아간다는 면에서 볼 때 뤼시앵의 행동 역시 궁극적으로는 실패로 귀착될 수밖에 없어 보인다.

참고문헌

Cohen-Solal, Annie, *Sartre, 1905~1980*, Gallimard, 1985. 우종길 옮김, 『사르트르』, 창, 1993.

Sartre, Jean-Paul, *L'Etre et le Néant : Essai d'ontologie phénoménologique*, Gallimard, Bibliothèque des Idées, 1943. 손우성 옮김, 『존재와 무』, 삼성출판사, 1982.

───────, *L'Existentialisme est un humanisme*, Nagel, 1947. 방곤 옮김, 『실존주의는 휴머니즘이다』, 문예출판사, 1999.

───────, *La Nausée* in *Œuvres romanesques*, Gallimard, Bibliothèque de la Pléiade, 1980. 김희영 옮김, 『구토』 외, 주우, 1982.

───────, *Le Mur* in *Œuvres romanesques*, Gallimard, Bibliothèque de la Pléade, 1980. 김희영 옮김, 『구토』 외, 주우, 1982.

───────, *Les Chemins de la liberté* in *Œuvres romanesques*, Gallimard, Bibliothèque de la Pléiade, 1980. 최석기 옮김, 『자유의 길』, 고려원 미디어, 1996.

───────, *Huis clos* in *Théâtre*, I, Gallimard, 1947.

───────, *Les Mots*, Gallimard, 1964. 김붕구·정명환 옮김, 『말』, 민예사, 1994.

리차드 M. 자너, 최경호 옮김, 『신체의 현상학 : 실존에 바탕을 둔 현상학』, 인간사랑, 1993.

박정자, 『사르트르의 실존주의』, 상명여자대학교출판부, 1991.

서동욱, 『차이와 타자 : 현대 철학과 비표상적 사유의 모험』, 문학과지성사, 2000.

신오현, 『자유와 비극 : 사르트르의 인간존재론』, 문학과지성사, 1980.

정명환, 『문학을 찾아서』, 민음사, 1994.

장 폴 사르트르 시선과 타자

| 펴낸날 | 초판 1쇄 2004년 6월 15일 |
| | 초판10쇄 2018년 11월 28일 |

지은이	변광배
펴낸이	심만수
펴낸곳	(주)살림출판사
출판등록	1989년 11월 1일 제9-210호

주소	경기도 파주시 광인사길 30
전화	031-955-1350 팩스 031-624-1356
홈페이지	http://www.sallimbooks.com
이메일	book@sallimbooks.com

| ISBN | 978-89-522-0241-3 04080 |
| | 978-89-522-0096-9 04080(세트) |

026 미셸 푸코　　eBook

양운덕(고려대 철학연구소 연구교수)

더 이상 우리에게 낯설지 않지만, 그렇다고 손쉽게 다가가기엔 부담스러운 푸코라는 철학자를 '권력'이라는 열쇠를 가지고 우리에게 열어 보여 주는 책. 권력은 어떻게 작용하는가에서 논의를 시작하여 관계망 속에서의 권력과 창조적 · 생산적 · 긍정적인 힘으로서의 권력을 이야기해 준다.

027 포스트모더니즘에 대한 성찰　　eBook

신승환(가톨릭대 철학과 교수)

포스트모더니즘의 역사와 논의를 차분히 성찰하고, 더 나아가 서구의 근대를 수용하고 변용시킨 우리의 탈근대가 어떠한 맥락에서 이해되는지를 밝힌 책. 저자는 오늘날 포스트모더니즘으로 대변되는 탈근대적 문화와 철학운동은 보편주의와 중심주의, 전체주의와 이성 중심주의에 대한 거부이며, 지금은 이 유행성의 뿌리를 성찰해 볼 때라고 주장한다.

202 프로이트와 종교　　eBook

권수영(연세대 기독상담센터 소장)

프로이트는 20세기를 대표할 만한 사상가이지만, 여전히 적지 않은 논란과 의심의 눈초리를 받고 있다. 게다가 신에 대한 믿음을 빼앗아버렸다며 종교인들은 프로이트를 용서하지 않을 기세이다. 기독교 신학자인 저자는 이 책을 통해 종교인들에게 프로이트가 여전히 유효하며, 그를 통하여 신앙이 더 건강해질 수 있다는 점을 보여 주려 한다.

427 시대의 지성 노암 촘스키　　eBook

임기대(배재대 연구교수)

저자는 노암 촘스키를 평가함에 있어 언어학자와 진보 지식인 중 어느 한 쪽의 면모만을 따로 떼어 이야기하는 것은 불합리하다고 말한다. 이 책에서는 촘스키의 가장 핵심적인 언어이론과 그의 정치비평 중 주목할 만한 대목들이 함께 논의된다. 저자는 촘스키 이론과 사상의 본질에 다가가기 위한 이러한 시도가 나아가 서구 사상을 받아들이는 우리의 자세와도 연결된다고 믿고 있다.

024 이 땅에서 우리말로 철학하기

이기상(한국외대 철학과 교수)

우리말을 가지고 우리의 사유를 펼치고 있는 이기상 교수의 새로운 사유 제안서. 일상과 학문, 실천과 이론이 분리되어 있는 '궁핍의 시대'에 사는 우리에게 생활세계를 서양학문의 식민지화로부터 해방시키고, 서양이론의 중독으로부터 벗어나야 한다고 역설한다. 저자는 인간 중심에서 생명 중심으로의 변화와 관계론적인 세계관을 담고 있는 '사이 존재'를 제안한다.

025 중세는 정말 암흑기였나　　eBook

이경재(백석대 기독교철학과 교수)

중세에 대한 친절한 입문서. 신과 인간에 대한 중세인의 의식을 다루고 있는 이 책은 어떻게 중세가 암흑시대라는 일반적인 인식을 가지게 되었는지에 대한 물음을 추적한다. 중세는 비합리적인 세계인가, 중세인의 신앙과 이성은 어떠한 관계를 갖고 있는가 등에 대한 논의를 하고 있다.

065 중국적 사유의 원형　　eBook

박정근(한국외대 철학과 교수)

중국 사상의 두 뿌리인 『주역』과 『중용』을 철학적 관점에서 접근한다. '산다는 것은 무엇인가?'라는 근원적 질문으로부터 자생한 큰 흐름이 유가와 도가인데, 이 두 사유의 흐름을 거슬러 올라가다 보면 그 둘이 하나로 합쳐지는 원류를 만나게 된다. 저자는 『주역』과 『중용』에 담겨 있는 지혜야말로 중국인의 사유세계를 지배하는 원류라고 말한다.

076 피에르 부르디외와 한국사회　　eBook

홍성민(동아대 정치외교학과 교수)

부르디외의 삶과 저작들을 통해 그의 사상을 쉽게 소개해 주고 이를 통해 한국사회의 변화를 호소하는 책. 저자는 부르디외가 인간의 행동이 엄격한 합리성과 계산을 근거로 행해지기보다는 일정한 기억과 습관, 그리고 사회적 전통에 영향을 받는다는 사실로부터 시작한다는 점을 강조한다.

096 철학으로 보는 문화

eBook

신응철(숭실대 인문과학연구소 연구교수)

문화와 문화철학 연구에 관심 있는 사람을 위한 길라잡이로 구상된 책. 비교적 최근에 분과학문으로 등장하기 시작한 문화철학의 논의에 반드시 들어가야 할 요소를 선택하여 제시하고, 그 핵심 내용을 제공한다. 칸트, 카시러, 반 퍼슨, 에드워드 홀, 에드워드 사이드, 새무얼 헌팅턴, 수전 손택 등의 철학자들의 문화론이 소개된다.

097 장 폴 사르트르

eBook

변광배(프랑스인문학연구모임 '시지프' 대표)

'타자'는 현대 사상에 있어 가장 중요한 개념 중 하나이다. 근대가 '자아'에 주목했다면 현대, 즉 탈근대는 '자아'의 소멸 혹은 자아의 허구성을 발견함으로써 오히려 '타자'에 관심을 갖게 되었다. 그리고 타자이론의 중심에는 사르트르가 있다. 사르트르의 시선과 타자론을 중점적으로 소개한 책.

135 주역과 운명

eBook

심의용(숭실대 강사)

주역에 대한 해설을 통해 사람들의 우환과 근심, 삶과 운명에 대한 우리의 자세를 말해 주는 책. 저자는 난해한 철학적 분석이나 독해의 문제로 우리를 데리고 가는 것이 아니라 공자, 백이, 안연, 자로, 한신 등 중국의 여러 사상가들의 사례를 통해 우리네 삶을 반추하는 방식을 취한다.

450 희망이 된 인문학

eBook

김호연(한양대 기초·융합교육원 교수)

삶 속에서 배우는 앎이야말로 인간의 운명을 바꿀 수 있는 기회를 준다. 그래서 삶이 곧 앎이고, 앎이 곧 삶이 되는 공부를 하는 것이 무엇보다 중요하다. 저자는 인문학이야말로 앎과 삶이 결합된 공부를 도울 수 있고, 모든 이들이 이 공부를 할 수 있어야 한다고 믿는다. 특히 '관계와 소통'에 초점을 맞춘 인문학의 실용적 가치, '인문학교'를 통한 실제 실천사례가 눈길을 끈다.

eBook 표시가 되어있는 도서는 전자책으로 구매가 가능합니다.

(주)살림출판사
www.sallimbooks.com
주소 경기도 파주시 문발동 522-1 | 전화 031-955-1350 | 팩스 031-955-1355